자유로운 이기주의자

일러두기

1 본문의 괄호 안 글 중 옮긴이가 독자들의 이해를 위해 덧붙인 글에는 '옮긴이'로 표시했
습니다. '옮긴이' 표시가 없는 것은 원저자의 글입니다.

2 본문에서 언급하는 단행본이 국내에서 출간된 경우 국역본 제목으로 표기했고 출간되지
않은 경우 제목을 번역하고 원어를 병기했습니다.

3 책 제목은 겹낫표(『』), 편명, 영화, 공연, 방송 프로그램 등은 홑낫표(「」), 신문, 잡지는 겹
화살괄호(《》)를 써서 묶었습니다.

4 본문에서 유로, 달러로 표현된 금액은 원화로 환산하여 표기했습니다(유로 1400원, 달러
1200원 기준).

세상에서 가장 솔직한 욕망의 성공학

율리엔 바크하우스 지음 | 박은결 옮김

자유로운 이기주의자

라이스
북

자유로운 이기주의자는 결국 승리한다

『자유로운 이기주의자』가 한국에서 출간될 거라는 소식을 들었을 때 한국에서는 이기주의가 어떻게 받아들여지고 있는지 호기심이 일었다. 여러 자료에서는 한국이 예의와 전통을 중요하게 여기며 겸손을 미덕으로 생각한다고 설명하고 있다. 이런 사회 분위기는 긍정적인 면도 분명히 있지만 이기주의의 관점에서 보면 몇 가지 걸리는 부분이 있다. 개인의 행복보다 사회 전체를 더 중요하게 생각하기 때문이다.

가끔 젊은 세대는 이런 사회적 분위기에 의문을 품기도 한다. 하지만 어릴 적에는 '동생과 친구에게 양보해야지', 학교에서는

'선생님 말씀을 잘 들어야지', 사회에 나와서는 '회사 이익을 먼저 생각해야지'라는 말을 끊임없이 들었기에 자신이 진정으로 원하는 게 무엇인지 잘 모르는 경우가 더 많다.

수백 년간 이어져 왔다는 이유만으로 모든 것이 옳지는 않다. 만약 그랬다면 노예제도나 인종분리정책이 여전히 합법이어야 한다. 오늘날 사회적인 문제로 떠오르는 성차별도 이런 식으로 생각한다면 당연하게 받아들여야 한다. 그러니 지금 일반적으로 통용되는 심지어 필수적으로 지켜야 하는 관습에 한 번쯤 의문을 제기해야 한다.

자신을 중요하게 여기지 않는 것은 이상한 일이다. 당신은 특별하기 때문이다. 집게손가락을 들어서 손끝에 있는 지문을 살펴보자. 전 세계에 당신과 똑같은 지문을 가진 사람은 없다. 그 무늬를 가진 사람은 오직 당신뿐이다. 홍채도 마찬가지이다. 홍채에는 당신만의 고유한 패턴이 자리잡고 있다. 귀도 마찬가지이다. 이 세상에 당신과 완전히 똑같이 생긴 사람 혹은 똑같이 말하는 사람은 없다. 당신은 유일무이한 인간이다.

진짜 모습을 꺼내 놓는 순간 당신은 세상에서 가장 행복한 사람이 될 수 있다. 다른 사람의 목소리를 듣는 대신 내 안의 목소리에 귀를 기울이면 지문만이 당신을 특별하게 만드는 게 아니라는 사실을 깨닫는다. 당신의 생각과 시각도 당신을 유일무이한 존재로 만든다.

한국에도 사회적인 기준에 부합하기 위해 애쓰는 사람이 많을 것이다. 그들은 타인이 자신을 어떻게 생각을 하는지 지나치게 신경 쓴다. 튀는 행동을 조심하고 좋은 사람이 되기 위해 자신보다 남을 먼저 생각한다.

하지만 이런 행동은 당신을 패배자로 만든다. 과거에 형성된 사회적 기준을 고수하기에는 세상이 너무나 빨리 변하고 있다. 우리도 이에 맞춰 변화해야 한다. 눈치 보며 타인에 맞추기보다는 자신만의 관점으로 개성 있게 살아야 한다.

당신은 이 책에서 삶을 걸작으로 만들기 위해 용기를 낸 사람들의 사례를 읽게 될 것이다. 이 책을 통해 자신에게서 더 많은 것을 끌어낼 수 있기를 바란다.

2020년 9월 독일에서

율리엔 바크하우스

함께 잘 살 수 있다는 말은 틀렸다

이기주의가 긍정적인 개념과 연결되는 경우는 드물다. 하지만 이기주의자가 어떻게 행동하고 무엇을 이루는지 자세히 살펴본 다면 한 가지 사실을 분명히 깨닫게 될 것이다. 이기주의는 좋은 것이다. 이 책은 건강한 이기주의를 성공의 비결로 꼽는다. 이기 주의는 자신뿐만 아니라, 주변 사람에게도 이익을 가져다준다. 사람은 본래 이기적인 동기로 움직이며 이제 막 태어난 아기조 차도 본능적으로 자신에게 필요한 영양분과 온기, 애정을 요구 한다. 그런데 성인이 되면 이런 자연스러운 욕구는 갑자기 비판 의 대상이 된다. 사회는 우리가 조용하고 공손하며 욕심부리지 않는 사람이 되길 바란다. 그렇게 우리는 마땅히 누려야 할 자유보다는 종속과 좌절을 맛보게 된다. 진정한 이기주의자에게는 자유가 다른 무엇보다도 중요하기에 이러한 사회적 관습을 신경 쓰지 않는다. 그저 본인이 옳다고 생각하는 행동, 행복과 충족을 느끼는 일을 할 뿐이다.

한 가지 짚고 넘어가자면 독일어에서 이기주의(Egoismus)는 남성 명사라서 이 책에서는 이기주의자를 '그'라고 지칭했다. 당연한 이야기지만 여기에는 남성뿐 아니라 여성도 포함된 것이다. 흥미롭게도 이기주의를 실천하는 것은 남성보다 여성에게 더 어려운 일이다. 남성보다 여성에게 온화한 태도를 기대하는 경우가 더 많기 때문이다. 이러한 관점에서 남성보다 여성이 더 억압받고 있다고 말할 수 있다.

당신은 이 책을 통해 이기주의자가 그렇지 않은 사람보다 행복한 삶을 누리고 더 큰 성공을 거둔다는 사실을 확인하게 될 것이다. 그리고 사회가 왜 사람들이 이러한 사실을 깨닫는 걸 바라지 않는지도 알게 될 것이다. 개인이 자신의 목표를 추구할 때보다, 말 잘 듣는 구성원이 되어 집단을 위해 행동할 때 효용가치가 더 높아지기 때문이다.

지금 당신은 두 갈래 갈림길에 서 있다. 한쪽은 자신의 소망을 이루는 길, 나머지 한쪽은 다른 사람들의 소망을 이루어주는 길이다. 타인에게 베푸는 행동만으로 과연 내가 행복해질 수 있을까? 동화 속 이야기처럼 현실에서도 양보하고 베푸는 사람에게 해피엔딩이 기다리고 있다면 우리는 모두 행복하고 성공적인 삶을 살아야 한다. 그러나 현실은 그 반대이다. 소수의 진정한 이기주의자만이 행복과 성공을 누린다.

이 책에서는 달라이 라마, 빌 게이츠, 카를 라거펠트를 비롯한 다양한 사람들이 어떤 전략을 통해 삶을 온전히 즐길 수 있게 되었는지를 소개한다. 영향력, 행복, 자유는 이기주의의 원칙을 따르는 사람들이 공통적으로 얻는 것들이다. 성공을 거둔 사람들이 왜 이기적으로 행동하는지, 그들이 어떻게 강요와 억압에서 벗어나 완전히 자유로워지고 직장에서 성취를 이루거나, 연인과 만족스러운 관계를 이어 나가며 부유해질 수 있었는지를 알아보자. 위키피디아에서는 이기주의자를 자신의 행동 원칙을 스스로 세우는 사람으로 정의한다. 이 책을 통해 당신이 타인의 마음에 들려고 애쓰기보다는 자신의 삶의 결정권자가 되었으면 좋겠다. 삶에서 유일한 상수(常數)는 자기 자신이며 실제로 세상은 자기를 중심으로 돌아가기에 우리는 자신을 잘 다룰 수 있어야 한다.

지금부터 다른 그 무엇보다도 자신을 최우선으로 생각하면서 세상을 바꾼 사람들의 이야기를 들려줄 것이다. 그동안 내가 직접 겪으며 깨달은 것이나 성공한 사람들을 인터뷰해서 들은 이야기이다. 이기주의를 긍정적으로 바라보면 원하는 삶을 살 수 있다. 친구들과의 애정 어린 관계, 행복한 결혼 생활까지도 이기주의자를 거만한 독재자로 묘사하는 동화는 이제 그만 잊어버려야 한다. 최후의 승리자는 진정한 이기주의자이다.

이 책은 우리가 더 나은 삶을 위해 이기주의자가 되어야 하는 이유를 보여 주는 데 그치지 않고 성공을 향해 올바른 단계를 밟아 나갈 수 있도록 돕는다. 6장에는 오스트리아에서 가장 인기가 많은 코치이자 자기계발 전문가인 미하엘 야거스바허(그는 나의 친한 친구다)의 구체적인 조언도 담았다. 그는 교육기관과 협력하여 수천 명에게 일상에서 실천할 수 있는 성공 전략을 가르친 경험이 있다.

이 책을 즐거운 마음으로 읽기를. 그리고 당신이 진정한 이기주의자로 거듭나기를 바란다.

율리엔 바크하우스

자신을 사랑하는 자만이 타인을 사랑할 수 있고
내 문제를 해결한 자만이 타인과 세상에 기여할 수 있다.

차례

1장

내 안의 욕망에 집중하라

자아란 무엇인가? ㅣ 궁지에 몰린 이기주의 ㅣ 욕구를 포기하는 사람들 ㅣ 용기 있는 자가 행복을 얻는다 ㅣ 이기심은 이타심의 출발점이다

6장
내 안의 갚잖은 위선과 작별하는 법

올바른 습관을 들여라 ㅣ 어쨌든 결정을 내려라 ㅣ 당신의 드라이버를 찾아라 ㅣ 피해자처럼 생각하지 마라 ㅣ 감사함을 표현하라 ㅣ 두려움에 대항하라 ㅣ 내 안의 가치를 찾아라 ㅣ 제대로 협상하라 ㅣ 스스로를 소중히 여겨라 ㅣ 우선순위를 정하라 ㅣ 새로운 기준을 세워라 ㅣ 내면의 목소리를 들어라 ㅣ 관습을 깨라 ㅣ 스트레스를 제대로 관리하라

1장

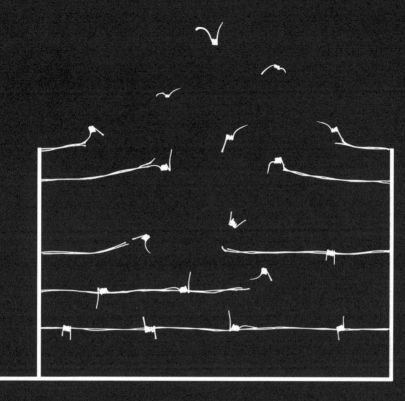

내 안의 욕망에 집중하라

이기주의의 목표는 자유롭고 자주적이고 행복한 삶이다.

정확한 의미를 잘 모르는 채로 사람들 사이에서 자주 쓰이는 단어들이 있다. 언어의 대부분은 사회적 관습 따라 쓰이기 때문이다. 하지만 사회가 항상 옳은 걸까? 이기주의(Egoism)와 그 의미의 핵심을 차지하는 '자아(Ego)'는 일반적으로 부정적인 것들을 연상시킨다. 이기주의에 대한 오해를 풀기 전에 이 단어가 어떤 의미로 쓰이는지 살펴보도록 하자.

자아란 무엇인가?

●

자아를 뜻하는 'Ego'는 라틴어에서 유래되었으며 '나'라는 뜻의 단어이다. 그 이상도 이하도 아니다. 나는 한 사람이 지구라는 행성에 살면서 겪는 좋고 나쁜 모든 경험의 출발점이다. 즉,

자아는 삶의 중심이며 주변 환경으로부터 한 사람을 구분 지어 준다. 그러나 이것은 말처럼 간단하지 않다. 누구나 어떤 상황을 맞닥뜨렸을 때 해석하고 분석하고 평가하는 경향이 있다. 그렇기에 나와 나의 행동도 사람들의 분석과 평가의 대상이 된다.

이 과정은 아주 어릴 때부터 시작된다. 아기는 두 돌이 되면 자기가 엄마, 아빠와 분리된 독립적인 존재라는 사실을 인지하기 시작한다. 이 무렵부터 보통 부모는 훈육을 시작하고 아이가 감정과 행동을 표현할 때마다 긍정적 또는 부정적인 반응을 한다. 아이와 소통할 때도 반응을 하는데 이때 자아에 대한 평가도 이루어진다. 나에 대한 이 평가는 흥미로우면서도 중요한 과정이다. 이 과정에서 많은 개념이 생기고 문제점이 발생한다. 몇 가지 예만 살펴보도록 하자.

자기애	이기심	이기주의	사욕
자기중심	나르시시즘		자기집착
자기본위	자아도취		자기중심주의

위의 개념들을 쭉 살펴보면 단어마다 각각 다른 느낌을 준다. 자기애는 그다지 반감을 일으키지 않지만 자아도취와 이기심은 다르다. 이기심은 사회에서 굉장히 부정적인 의미를 함축하고

있다. 이기심에 따라 행동하기보다는 타인을 배려하고 보살피는 것이 사회적으로 더 좋은 행동으로 여겨진다.

아기는 두 돌이 지나 행동에 대한 평가를 받기 시작하면 주변 환경으로부터 자기를 분리해 인식한다. 그런데 세상에 나온 지 얼마 되지 않은 이 꼬마는 자신보다 주변 사람에게 더 민감하게 반응하라고 요구받는다. 어렸을 때부터 이기주의보다 이타적인 행동이 칭찬과 인정을 더 받으니 대부분의 사람이 자기보다 다른 사람을 먼저 챙기는 것은 놀라운 일이 아니다. 그러나 스스로를 밀어내는 습관은 결국 자신을 파괴하는 결과를 불러온다. 이기주의라는 개념의 문제는 바로 여기에 있다. 이 단어에는 너무 많은 의미가 한꺼번에 담겨 있으며 이로 인해 잘못된 결론이 도출되었다. 저명한 소설가인 오스카 와일드조차도 다음과 같이 경고했다. "이기주의는 내가 원하는 대로 사는 것이 아니라, 타인에게 내가 원하는 방식으로 살라고 요구하는 것이다."

독일의 철학자 아르투어 쇼펜하우어는 다음과 같은 결론을 내렸다. "이기주의는 현존과 행복에 대한 열망이며 타인에 대한 연민으로 이기주의를 극복해야 한다!" 하지만 어째서 개인의 행복이 타인의 불행을 의미하는 것인지는 지금까지 그 누구도 설득력 있는 설명을 내놓지 못했다. 개인에게 파괴적인 영향을 미치는 이 주장에 대한 근거가 이토록 빈약한데도 사회에서는 이를 의심하지 않기 때문일 것이다. 작가 아인 랜드는 이기주의의 개념이 악용되는 현상에 대해 이렇게 꼬집었다. "일상생활에서 이기주의는 악(惡)의 동의어이다. 이기주의자는 자신의 목표를 이루기 위해 시체 더미를 밟고 올라서는 매우 비인간적이고 몰인정하며 생명에는 관심이 없고 자신의 기분만을 중요하게 생각하는 잔인한 모습을 떠오르게 한다. 하지만 이기주의는 '자기에게 중요하고 이익이 되는 일에 대한 관심'을 뜻한다."[1]

스스로를 너무 중요하게 생각해서는 안 된다는 완전히 잘못된 이론이 생겨나면서 우리는 자기 욕구를 내세우는 일을 부끄러워하고 다른 사람의 욕구를 만족시켜야만 한다고 생각한다. 그렇게 해야만 사회적으로 더 좋은 사람처럼 보인다. 하지만 이것은 사람을 의존적이고 불행한 삶으로 이끄는 치명적인 궤변에 지나지 않는다. 이러한 생각은 우울증으로 이어지기도 한다.

한 가지 짚고 넘어가고 싶은 건 삶의 행복과 성공은 자유와 자주성과 밀접하게 연관되어 있다는 사실이다. 행복하고 성공적인 삶으로 가는 길은 제일 먼저 자주적인 정신에서 시작하여, 점점 경제적이고 영적인 자유로 이어진다. 이 책은 당신이 그 자유를 어떻게 얻을 수 있는지 알려줄 것이다. 그리고 자신과 자신의 욕구를 다시 진지하게 받아들이는 계기가 될 것이다. 젖먹이였을 때부터 익혀온 관점과 부딪히는 일이기에 쉽사리 바뀌지는 않겠지만 말이다.

궁지에 몰린 이기주의

●

자신을 소중히 여기지 않는 행동은 수십 년에 걸쳐 우리에게 막대한 영향을 끼친 양육과 사회적 관습의 결과물이다. 몸에 배어 있는 습관을 하루아침에 바꿀 수는 없다. 한번에 바꾸려고 하기보다는 아주 작은 단계부터 시작하자. 예를 들면 사소한 상황에서 다른 사람보다 자신을 중요하게 여기는 것이다. 물론 변화를 시도하면 내적, 외적으로 저항에 부딪힐 것이다. 자유를 얻으려면 대가를 치러야 한다. 평생 배우고 익힌 것들을 며칠 만에 몽땅 잊어버릴 수는 없으니 신중하고 사려 깊게 자신을 대해야 한다. 이를 실천하는 구체적인 방법은 6장에 등장할 미하엘 야거스바허의 코칭 팁에서 배울 수 있다.

삶에서 가장 중요한 사람은 자신이라는 걸 명심하자. 누군가가 그렇지 않다고 말해도 이 사실을 절대 잊어서는 안 된다. 자신이 원하는 걸 항상 우선해야 한다. 당신의 삶은 다른 누구의 것도 아닌 당신 것이기 때문이다. 이것이 사실임에도 사회에서는 자신을 중요하게 생각하는 것을 금기하는 것처럼 보인다. 어떤 곳에서는 팀이 중요하다고 하고 또 다른 곳에서는 타협을 종용한다. 이쯤에서 스스로에게 물어보자. 그래서 이익을 얻는 사람은 누구인가?

이 책은 자신에게로 향하는 여행이 될 것이며 이는 그 어떤 여행보다도 재밌을 것이다. 팀워크를 중요하게 여기고 개인주의는 비난받는 사회일수록 자신을 탐구하는 일은 어느 것보다 중요하다. 훌륭한 팀은 훌륭한 개인들이 모였을 때만 가능하다. 책에 등장하는 유명 인사들의 사례와 내 경험은 지금까지 당신이 믿었던 규칙을 깨트려 당신을 불안에 빠뜨릴 수도 있다. 두렵겠지만 그 불안이 여행의 첫걸음이니 계속해서 즐겁게 앞으로 나아가면 된다.

이기주의가 궁지에 몰리게 된 이유는 두 가지다. 첫째, 개념이 잘못 활용되었다. 둘째, 이기주의자는 자율적이어서 눈치 보며 의견 내기 주저하는 사람보다 다루기가 어렵다. 언젠가부터 권력자들은 사람들이 자신의 말을 온순하게 따르도록 하는 방법을 터득했다. 그들은 이기주의가 큰 죄악이라는 소문을 퍼뜨렸다. 자신을 먼저 챙기기보다는 다른 사람을 먼저 챙기고 배려해야 한다는 생각을 퍼뜨려 이기적으로 행동하려는 본성을 억누른 것이다.

과거에는 국민을 상대로 더 쉽게 영향력을 행사하고 조종할 수 있도록 이러한 철학을 퍼뜨렸다. 이러한 세뇌는 수백 년간 큰 효과를 보았고 많은 이가 자기를 위한 행동을 할 때 양심의 가책을 느껴 스스로를 통제하도록 했다. 이러한 사고방식은 지배계층에 엄청난 이득을 가져다주었다. 자신의 목표에 대한 사람들의 집착이 약해지면서, 엘리트 지도층이 겪어야 할 경쟁도 줄어

들었다.

누군가 이웃을 사랑해야 한다는 주장에 의문을 가지면 양심의 가책을 느끼게 했다. 심지어 교회는 이를 이용하여 사업을 벌이기도 했다.

대표적인 예는 280조 원의 자산을 축적한 것으로 추정되는 가톨릭교회이다.[2] 어떤 사실을 믿게 하려면 오랫동안 계속 그 이야기를 반복하면 된다. 그러면 의도적으로 만들어진 규정에 어긋나는 행동을 했을 때, 양심에 가책을 느끼고 사회로부터 손가락질을 받는다. 결과적으로 그 사람은 같은 행동을 반복할 확률이 줄어든다.

이기주의가 잘못된 것이라는 소문을 낸 사람조차, 이 소문이 오늘날까지 이어지리라고는 생각하지 못했을 것이다. 심지어 자본주의 경제 시스템 안에서도 이 생각을 찾아볼 수 있다. 팀워크는 거의 모든 채용 공고에서 지원자가 지녀야 할 중요한 자질과 덕목 중 하나로 꼽는다. 독일의 힙합 그룹 다이히킨트는 자신의 노래 「높이 굽혀라(Bück dich hoch)!」를 통해 이러한 현실을 매우 생생하게 표현했다. "적응해, 넌 아무것도 아냐, 팀을 믿어!" 팀에 적응하는 건 기업의 위계질서 안에서 높은 곳으로 올라가려는 현대인이라면 반드시 지켜야 할 원칙이다.

욕구를 포기하는 사람들

●

만약 진심으로 자아가 부정적인 것이라고 생각한다면 당신은 심각한 인격 장애를 의심해 봐야 한다. 자아는 '나'를 뜻하는 개념 그 이상도 이하도 아니라서 자아가 없다면 건강하지 못한 상태이다. 하지만 자아를 부정적으로 바라보는 사람들 중 대부분은 실제로 자아를 갖고 있지 않거나 인격 장애에 시달리고 있을 가능성보다는 누군가가 그렇게 알려줬기 때문일 가능성이 많다. 그것도 수십 년에 걸쳐서 그렇게 믿어 왔을 확률이 높다. 우리는 어떤 말을 자주 들으면 들을수록, 그 말의 신빙성이 더 높다고 느끼기 때문이다.

사람은 반복과 모방을 통해 배우게 마련이다. 하지만 우리가 (사회화된 사람들이 그렇게 하듯이) 다른 이들의 행동을 그저 따라 하기만 한다면 진짜 나는 고통받고 점점 자신을 중요하게 생각하지 않는 건 어찌 보면 당연하다. 심지어는 자신을 드러내고 자신의 욕구를 채우는 것이 사회에 저항하는 나쁜 행동으로 해석되기도 한다.

부모와 학교는 아이들이 호감 가는 사람으로 자라도록 세심하게 신경 쓴다. 이때 호감 가는 사람은 다른 이의 소망과 욕구를 위해 자신의 소망과 욕구를 포기하는 사람이라는 뜻이다. 즉, 스스로를 신경 쓰지 않으며 저항하는 걸 부끄러워하고 이기적인 감정은 모든 수단을 동원하여 억제하고 있다는 의미이다. 이들은 어떤 경우에도 사회가 원하는 대로 행동해야 한다고 생각하며 그 과정에서 '나'를 포기한다.

이기주의자는 제멋대로 굴지 않는다

··········

이기주의자는 자기만 생각하며 멋대로 구는 사람이 아니다. 자신을 제일 먼저 생각하면서도 여전히 타인을 생각하고 챙기는 사람이다. 그들은 똑똑하고 이성적이기에 무언가를 소유해야만 누군가에게 줄 수도 있다는 사실을 잘 안다. 금고에 무언가가 있어야 그걸 빼서 다른 사람에게 줄 수 있고 걸을 수 있어야 누군가를 등에 업을 수도 있다.

이기주의자는 본인에게만 푹 빠지지 않는다. 물론 자신과 좋은 관계를 맺고 스스로를 소중히 여길 줄 안다. 하지만 나르시시즘에 빠진 사람은 결코 아니다. 나르시시스트들은 현실과 망상을 구분하지 못하고 본인에게만 푹 빠져 과장된 자아를 갖고 있다. 반면 이기주의자는 자신의 삶과 앞으로 나아가야 할 길, 원하는 것에 몰두하는 사람이다. 자신이 완벽하다고 생각하지도 않을뿐더러 현실과 동떨어진 사고를 하지도 않는다. 하지만 완전히 자기 삶에 빠져 있으며 시종일관 원하는 걸 이루려고 노력하며 어떤 것에도 현혹되지 않는다. 주변 환경이 좋은지 나쁜지는 전혀 상관이 없다. 이기주의자는 환경에 영향받지 않는다.

이기주의자와 사이코패스의 차이점

....

이기주의자가 다른 특성을 가진 사람들과 한데 묶여 인식되는 것은 참 안타까운 일이다. 특히 이기주의자와 사이코패스를 나란히 놓고 비교하는 것은 정말 잘못된 일이다. 이 둘은 매우 간단하고도 결정적인 차이점으로 구분되기 때문이다. 이기주의자는 의식적으로 자신이 자유롭고 충만한 인생을 살아갈 수 있도록 결정을 내린다. 아침에 일어나 조깅을 하거나, 매일 책을 읽는 행동을 의식적으로 결정한다. 주관대로 삶을 살아내려는 정신이 맑고 건강한 사람이다. 독립적인 존재로 인정받길 원하며 불안정한 상황에서는 다른 사람에게 의존하기보다 혼자서 무언가를 실현하고자 하는 사람들이다.

사이코패스는 이와 정확히 반대의 특성을 가진다. 가장 큰 차이점은 사이코패스가 심각한 인격 장애라는 사실이다. 태어날 때부터 문제를 갖고 태어났고 뇌의 대뇌피질 전두엽에 결함이 있다. 그래서 정상적인 사람처럼 감정을 느끼지 못한다. 그들은 타인의 감정에 공감하지 못하며 책임감이나 사회성이 결여되어 있다. 극단적인 예를 들어보자면 사이코패스는 목적을 달성하기 위해 사람을 죽이고 나서도 자신의 행동이 잘못되었음을 자각하지 못한다. 자신의 순수한 논리에 따른 결정이기 때문이다. 잘못된 이기주의자도 탐욕 때문에 살인을 저지를 수 있다. 그는 자신의 행동이 잘못되었다는 걸 알고 있지만 행동한다. 다른 사람을 희생시킬 정도로 완전히 병적인 자기중심주의에 빠져 있는 경우이다. 하지만 이기주의자가 살인을 저지르는 경우는 생명에 위협을 받거나 공격당한 경우뿐이다. 죽지 않기 위해 죽이는 것이다. 그에 다른 결과도 본인이 책임질 것이다.

이것이 바로 이기주의의 핵심이다. 이기주의자는 자신의 의지에 따라 행동한다. 그 누구도 권력을 행사하거나 강요할 수 없다. 그들은 스스로 세운 원칙에 따라 삶을 살아간다. 이기주의자는 자기 삶의 독재자이다.

병적인 자기중심주의
··········

다른 사람은 전혀 신경 쓰지 않고 자기만 생각하는 자기중심주의는 병이다. 이기주의자는 자신을 최우선으로 생각하지만 다른 사람도 생각한다. 절대 의도적으로 타인에게 해를 가하지 않는다. 그런 행동이 언젠가는 부메랑처럼 자신에게 되돌아온다는 사실을 잘 알고 있기 때문이다. 그런 행동을 하는 건 독일어의 한 관용적인 표현처럼 '자신의 무릎에 총을 쏘는 격'이다.

병적인 자기중심주의에 빠진 사람은 자신의 약점을 인정하지 않는다. 그들이 드러내는 욕망은 병적이며 통제 불가능하며 과장된 행동을 내포하고 있다. 자신의 인격을 정확히 파악하지 못하고 행동에 통제력을 잃은 사람은 자유롭지도 건강하지도 못한 사람이다. 자신에게도 타인에게도 솔직하지 못하다. 불안정한 기반 위에 삶을 쌓아 올리는 셈이다. 그에 반해 이기주의자는 자신의 약점을 인정하며 약한 부분에서 굳이 능력을 증명해 보이려고 애쓰지 않는다. 애초에 그것은 불가능하기 때문이다. 대신, 자신의 강점에 집중하며 강점의 긍정적인 효과를 계산하고 등급을 매긴다. 약점을 20퍼센트 개선하기보다는 강점에 온전히 집중하여 두 배의 효과를 내려고 노력한다. 이기주의자는 어떤 부분에 약점이 있으면 다른 사람에게 도움을 구하거나 그 부분이 강점인 사람을 고용한다. 자기에게도 타인에게도 솔직하다.

그렇다. 나는 세상에서 나의 삶을 가장 중요하게 생각한다. 그렇다고 해서 내 삶에서 두 번째로 중요한 사람을 홀대하는 것은 아니다. 오히려 그 반대이다. 충만하고 행복한 삶을 사는 사람은 다른 사람에게도 잘하고 상대가 필요한 것들을 충족시켜 주려고 노력할 가능성이 더 높다. 나를 위해 무언가를 해주는 사람은 답례로 많은 것을 돌려받는다.

잘못된 이기주의

....

모든 형태의 이기주의가 자신과 주변 사람에게 건강한 것은 아니다. 부패하고 타락한 사람은 잘못된 이기주의자의 한 예로, 그들은 자신의 이익을 위해 타인에게 해를 가하거나 남의 것을 빼앗는다. 원하는 것을 얻기 위해 그렇게까지 해야 하는 사람은 자유롭지도 강하지도 못하다. 오히려 결점이 많고 약한 사람이기에 잘못된 결정을 내린다. 모든 형태의 이기주의가 한데 뒤섞여 불쾌한 결과물을 만들어내는 것을 막기 위해 우리는 잘못된 이기주의와 건강한 이기주의를 분명히 구분할 수 있어야 한다.

말레이시아의 전 총리 나집 라작은 국가 발전기금에서 8400억 원을 횡령함으로써 말레이시아에서 가장 큰 규모의 부패 스캔들을 일으켰다. 그의 측근이었던 조 로우는 라작 전 총리가 횡령한 돈을 세탁하는 것을 도왔다. 라작은 횡령한 자금으로 호화 요트와 회화 작품을 사들였으며 할리우드 영화를 지원하기도 했다. 바로 리어나도 디캐프리오가 경박한 증권 브로커 조던 벨포트를 연기했던 「더 울프 오브 월 스트리트」였다. 그러니까 증권 사기와 도덕적 타락을 그린 이 영화는 불법 자금으로 재정 지원을 받아 완성된 작품이었던 것이다. 이 얼마나 아이러니한 일인가! 나는 경제계에 종사하는 몇몇 사람이 조던 벨포트를 본보기로 삼는 것을 보고 매우 경악스러웠다.

나는 몇 년 전에 조던 벨포트를 만난 적이 있다. 우리는 그의 호텔 스위트룸에서 만났다. 그는 약물에 중독되어 돈만 밝히던 과거를 상상할 수 없을 정도로 말쑥한 모습이었다. 그래도 그는 증권 사기와 돈세탁으로 세상을 떠들썩하게 만들었고 이 때문에 미국 연방수사국(FBI)에 의해 체포, 구금되었던 사람이다. 당시에는 이성이 아닌, 어리석은 욕망이 그를 지배하고 있었다. 그랬던 사람의 일대기가 영화화되고 심지어 많은 사람이 그를 선망의 눈길로 바라본다. 과거의 벨포트에게서 영감을 받는 사람이 있다는 사실은 무척 놀랍다. 이런 상황으로 미루어 보아 잘못된 이기주의가 빠른 시일 안에 사라지기는 힘들 것 같다.

남아프리카공화국의 전 대통령 제이콥 주마를 둘러싼 부패 스캔들 역시 잘못된 이기주의를 보여 주는 사례이다. 다만 주마 전 대통령의 경우는 중범죄도 저질렀다는 점에서 상황이 더욱 심각하다. 그는 오래전부터 장기간 거액의 돈을 횡령했다는 의심을 받았다. 새로 들어선 정부는 그가 10년이라는 통치 기간 동안 나라에서 불법적으로 가로챈 금액이 40조 8000억 원에 달한다고 발표했다. 이것은 남아공 국민총생산(GNP)의 거의 10퍼센트에 해당하는 금액이다. 고의로 다른 사람들을 속이고 기만하기 시작하는 순간 건강한 이기주의는 끝이 난다.

이기주의자는 사회적이다

....

대부분 이기주의가 비사회적인 성격을 띤다고 생각한다. 심지어 사람의 행동과 태도를 연구하는 과학자들 사이에서도 이와 같은 잘못된 인식을 발견할 수 있다. 그들도 결국에는 학교와 사회에서 교육을 받고 그곳에서 사회적인 가치 규범을 습득했을 테니 그럴 만도 하다.

독일 시사주간지 《디 차이트(Die Zeit)》의 한 기사에는 이기적인 행동을 장려하는 대신 관대함과 협동 능력을 함양하는 것이 중요하다는 분석 결과가 실렸다. 사람들은 서로에게 의존한다는 사실을 깨달은 후에야 타인을 위해 무언가를 할 마음이 생긴다는 내용이었다. 서로에게 도움이 되고 있다는 사실을 알고 난 다음에야 이타적으로 행동한다면 이는 이기적인 행동이나 다름없다. 더 나아가, 이 기사는 다음의 문장을 통해 이기주의가 결국은 사회적이라는 걸 알려준다.

"아주 오래 전부터 이타주의와 이기주의는 반대말로 여겼다. 하지만 최근 몇년 사이에 이타주의와 이기주의가 서로 상호작용한다는 사실이 밝혀졌다. 이타주의자가 자신의 이익을 잊어버린다면 그들은 도태되고 말 것이다. 반대로 자신의 이익만을 생각하는 이기주의자 역시 근본적으로 오랫동안 성공을 유지할 수 없다."[3]

무분별하게 이기적인 행동을 한다면 성공을 오래 유지하기 힘들다. 따라서, 이것은 건강한 이기주의가 아니다. 이기주의자라면 본인 기준에서 최선의 결과를 끌어내기 위해 끊임없이 노력할 것이기 때문이다. 이를 위해 타인의 가치와 소망을 어느 정도 자신의 전략 안으로 끌어들이기도 해야 한다. 혼자 모든 것을 해낼 수는 없기에 다른 사람의 도움이 필요하다.

수조 원 규모의 기업을 운영하는 사람도 그 기업을 위해 일해줄 직원들이 필요하다. 기업가도 직원도 상대의 이익을 위해 이타적인 행동만 하지는 않는다. 기업가는 피고용인에게 결과물을 생산할 수 있는 노동력을 요구하고 피고용인은 사업체를 통해 가능한 한 많은 임금을 받으려고 한다. 이상적인 경우라면 여기에 더해 스스로 만족할 수 있는 직무를 수행하고자 할 것이다. 둘 중 어느 쪽도 다른 한쪽 없이는 살아남을 수 없는 목적의식을 공유하는 공동체이다. 이것은 가장 순수한 형태의 이기주의라고 할 수 있다. 모두가 타인에게 해를 가하려는 마음 없이, 스스로를 위해 최선의 결과를 도출하고자 한다. 그러므로 이런저런 개념을 모두 섞어 이기주의를 비난하는 행동은 조심해야 한다. 다양한 형태의 이기주의를 분명히 구분하지 않는다면 질서와 체제의 균형은 매우 빠르게 무너지고 말 것이다.

만약 평생 타인을 위해 희생한다면 그 행동은 언젠가 당신에게 해가 되어 돌아올 것이다. 당신이 입게 될 피해의 형태가 우울증일지, 번아웃 증후군일지, 어떤 다른 질병이 될지는 모르겠지만 자신을 돌보지 않는다면 어떤 식으로든 타격을 입게 될 것이다. 질적으로 높은 삶을 살기 위해서는 정신적, 심리적으로 좋은 상태여야만 한다. 어떤 경우에도 예외는 없다. 그러므로 자신과 자신의 소망을 가슴속에 품고 잘 돌봐야 한다. 그렇지 않으면 스스로에게 부정적인 영향을 미친다.

아랍 문학의 고전 『미르다드의 서』에는 다음과 같은 단락이 실려 있다. "도움이 필요한 사람도 배불리 먹일 수 있도록 당신이 항상 배부른 상태여야 한다. 마음이 자주 흔들리는 약한 사람에게 의지가 될 수 있도록 당신이 항상 확고하고 의연해야 한다. 폭풍에 동요하는 모든 부랑자들에게 피난처를 제공할 수 있도록 당신이 항상 폭풍에 대비하고 있어야 한다. 어둠 속에서 떠도는 이들을 이끌어 줄 수 있도록 당신이 언제나 밝게 빛나야 한다."[4] 즉, 공익에 기여하기 위해서는 반드시 자신을 먼저 돌봐야 한다는 의미이다.

정신분석의 창시자 지크문트 프로이트도 자신의 소망과 욕구를 잠재의식 속으로 밀어 넣는 것이 문제를 일으킬 수 있다는 사실을 이미 알고 있었다. 프로이트에 따르면 이렇게 억압된 욕구는 더 이상 의식으로 드러나지 않으며 꿈이나 말실수, 보상 행동 등에서 나타난다. 요점을 말하면 자신의 감정과 소원을 억누르는 사람은 행동을 통제하지 못하며 사실상 병든 사람이다. 이들은 물이 가득 차 있는 상태에서 뚜껑이 덮인 냄비와도 같다. 냄비에 열을 가하면 수증기로 인해 뚜껑이 들썩거리기 시작한다. 그 힘이 너무 커지면 뚜껑은 날아가고 말 것이다. 그러니까 뚜껑이 날아가기 전에 미리 냄비 안의 증기를 조절하고 내면의 소리에 귀 기울여야 한다. 지체할수록 뚜껑이 날아갈 때의 폭음은 더 크게 날 것이다.

언어가 우리에게 미치는 영향
....

자주 사용하는 언어도 우리를 가끔 혼란스럽게 한다. 독일 사람들은 간혹 "네 자아는 주머니에 좀 넣어둬"라는 말을 쓰는데, 이 문장은 앞뒤가 맞지 않는다. 자신을 어떻게 주머니에 넣어 두라는 말인가? 이 말은 사실 목표를 이루기 위해서 다른 사람의 말을 따르는 것이 더 낫겠다고 판단할 때 사용하는데, '네 자존심은 잠깐 접어두는 게 좋겠다'라는 의미를 내포하고 있다. "스스로를 너무 중요하게 생각하지 마"라는 문장 또한 같은 맥락으로 해석할 수 있다. 이런 말은 마치 법칙처럼 굳어져서 많은 상황에 영향을 미친다.

성장 과정에서 가장 자주 듣는 말들 중 하나가 "지는 게 이기는 거야"일 것이다. 당신도 아마 어렸을 적에 이 문장을 수백 번은 들었을 것이다. 이 문장이 심각한 문제가 되는 이유는 자신의 욕구를 무시하고 억누르는 것이 더 똑똑한 것이라는 생각을 심어주기 때문이다. 이 문장에서는 공익과 사회적 안녕이 언제나 자아보다 우위에 놓이며 자신의 소망을 고집하는 태도는 어리석은 것으로 묘사된다. 어쩌면 이 말이 자신보다 타인을 먼저 배려해야 한다는 생각의 시작점인지도 모른다.

아이들은 이런 말을 들은 후 다른 상황에 연속적으로 적용하면서 굉장히 빨리 습득한다. 아이는 이렇게 생각할 것이다. '스스로를 너무 중요하게 생각하면 안 되는 거구나. 앞으로는 조심해야지.' 게다가 타인부터 생각하는 행동을 했을 때 주변 사람에게 칭찬을 받으면 이 생각은 더욱 굳어질 것이다. 아이들은 자신의 이익을 위해 행동했을 때 칭찬받는 경우가 드물다. 이런 경험은 결과적으로 의지 없는 착한 시민이 되도록 교육하는 것이나 다름없다.

자신의 길을 스스로 정하지도 자기 자신의 편에 서지도 않는 사람은 이렇게 길러진다. 과연 이들의 부모가 이런 결과를 바랐을까? 아마 부모도 자신에게 주입된 잘못된 프로그램을 반복적으로 돌렸을 뿐일 것이다. 다른 사람만을 신경 쓰며 스스로에게 등을 돌리는 사람은 사회에서 지속적인 생산성을 유지하지 못한다. 장기적으로는 사람들이 자신의 욕구와 자아를 항상 억누름으로써 심리적 질병을 얻으면 사회 전체적인 관점에서도 해로울

뿐 아니라 비용도 더 많이 든다.

심리학자 지크프리트 샤를리어는 다음과 같이 정리했다. "아이들은 관심을 받기 위해 부모가 자신에게 기대하고 요구하는 것들을 행한다. 아이들은 부모의 요구, 사회의 규범과 가치, 부모의 초자아와 자신을 일치시킨다. 양육 과정에서 수천 번 반복되는 다음의 말들은 아이에게 큰 영향을 미친다. '침대 먼저 청소하고 나면 학교에서 좋은 성적을 받고 나면 옷을 더럽히지 않으면 화장실에 제때 가면 기타 등등. 그러고 나면 언젠가 네 소원과 욕구에 대해서도 얘기해 보자.' 착한 아이들은 어차피 들어줄 리 없는 자신의 욕구를 더는 드러내지 않는다. 그 대신 타인을 위해 자신을 희생하거나, 자신보다 힘 있는 다른 사람, 부모, 선생님 등이 자신에게 기대하는 행동을 함으로써 인정받는 것을 배우게 된다."[5]

근본적으로 자아를 부인하고 억압하는 것에 지나지 않는 이러한 세뇌의 영향을 추측하기는 어렵지 않다. 이는 개인의 관점에서 보았을 때 비극임은 물론이고 이로 인해 심리적 치료가 필요한 사람이 늘어나면 국가 경제적인 관점에서도 큰 손실이 될 것이다.

요약하자면 이러한 방식의 양육은 본성을 거스르는 것이다. 살아남고 싶다는 생존 욕구는 자아에서 영양분을 공급받기 때문이다. 선조들에게 이기적인 삶의 욕구가 없었다고 상상해 보자.

생존을 위해 싸울 만큼 자신을 중요하게 생각하지 않았다면 그들은 맹수가 달려들 때도 도망치지 않았을 것이고 인류는 그 세대에서 멸망하고 말았을 것이다. 물론, 인류의 조상은 서로 협동하기도 했다. 협동심과 이기주의는 모순 관계가 아니기에 이 또한 자연스러운 일이다. 이때 협동의 목적은 협동 자체가 아니라 협동으로 생긴 이익이다. 자아가 이익을 얻기 때문에 협동이 이루어지는 것이다. 여기서 이야기하는 자아란 건강한 자아, 건강한 나를 말한다. 건강한 자아는 성장과 성공, 생존을 원한다.

직장에서 불행한 사람들

••••••••••

많은 이가 자신의 이익을 위해 행동하는 것이 좋지 않다는 오래된 소문을 믿는다. 하지만 이 믿음이 사실이 아니라는 명확한 증거가 있다. 이기적이지 않은 사람이 행복하고 충만한 삶을 산다는 사실이 맞다면 90퍼센트의 국민은 행복에 겨워 얼굴에 웃음꽃이 가득 피어 있어야 한다. 하지만 현실은 그 반대이다. 실제로는 소수만이 자신은 정말 행복한 삶을 살고 있다고 답할 것이다. 선진국이라는 평가를 받는 독일에서조차 말이다.

이것은 아마도 (어렸을 때부터) 일상적으로 억압받고 있는 우리의 감정과 관련이 있을 것이다. 2018년에 실시한 갤럽의 한 설문조사에 의하면 15퍼센트의 직장인만이 만족을 느낄 뿐, 71퍼센트의 직장인은 완전히 포기하고 규정에 따라서만 움직인다고 한다. 500만 명의 직장인은 이미 마음속으로 사표를 던진 상태라고 한다.[6]

이 결과는 여러 각도에서 바라보고 어떤 방식으로 해석해도 매우 놀라운 수치이다. 동시에 논리적으로 합당한 결과이다. 스스로를 돌보지 않거나, 사회 규범에 근거하여 자존감을 길러 온 사람은 장기적으로 행복할 수 없다. 이러한 면에서 이기적인 행동이 사회생활에 훨씬 적합하다. 게다가 개인이 행복하면 다른 사람에게 행복이 옮겨 갈 수 있다는 이점도 있다.

스스로 불행하다고 느끼며 삶에 두려움을 느끼는 사람은 기업을 세우거나 세금을 걷거나 일자리 창출을 할 여력이 없을 것이다. 이렇게 겁이 많은 사람은 한 기업에 묶여 생계를 이어 나가다가, 어느 정도 직급까지 승진하고 나면 다른 사람들을 괴롭히게 될 확률이 더 높다. 이런 상황은 마치 껌처럼 전 생애에 걸쳐 들러붙는다. 모든 것에 불만족스러워하는 무능력한 리더는 모든 것에 불만족스러워하는 무능력한 직원을 만들어 낸다. 이 모든 것은 자신의 욕구를 외면하고 좌절에 몸을 내맡겼기 때문에 초래된 결과이다.

용기 있는 자가 행복을 얻는다

●

이타주의에 관한 동화가 사실이 아니라는 사실을 깨달았으면서도 왜 우리는 여전히 이 동화에 영향을 받으며 행동할까? 이에 대한 답변은 비교적 명확하다. 다른 이들과는 다르게 행동할 에너지를 가진 사람은 소수이기 때문이다. 무리에 맞서서 행동하려면 용기와 힘이 필요하다.

권투선수였던 블라디미르 클리츠코에게 용기를 배울 수 있냐고 물었을 때, 그는 이렇게 답했다. "네, 용기는 배울 수 있습니다. 사람들은 본인이 그다지 용감하지 않다고 자신을 과소평가합니다. 우리가 심리적으로 건강한 상태라면 두려움을 갖는 것은 당연합니다. 사실 두려움을 느낀다는 것은 건강하다는 증거입니다. 두려움은 당신을 깨어 있게 하고 앞으로 나아가게 합니다. 그렇다고 겁쟁이가 되어서는 안 됩니다. 몸을 돌려 버리거나 다음 걸음을 내딛지 않는 사람은 겁쟁이입니다. 같은 자리에만 있다가 결국 뒤처지게 됩니다. 발전하려면 앞으로 나아가야 합니다. 그리고 이것은 배울 수 있습니다."[7]

이기주의는 우리의 자존감 그리고 자의식과 관계돼 있다. 주변 환경과 평가에 의존하는 사람은 이기주의자가 될 수 없으며 이런 사람은 결국 주변에 굴복하고 말 것이다. 주변에서 뭐라고 하든 당신은 자의식 속으로 한 걸음 걸어 들어가야 하며 과감한 시도를 통해 자신이 얼마나 큰 사람인지 알아야 한다. 그렇게 한다면 당신도 본보기가 되어 누군가에게 가르침을 줄 수도 있다. 이기주의의 목표는 자유롭고 자주적이고 행복한 삶이다.

모든 걸 직접 선택하라

....

권력자가 이기주의를 못마땅하게 여기는 가장 큰 이유는 예측 불가능한 상황을 만들어 내기 때문이다. 다른 이들에게 맞추지 않고 자신의 가치에 따라 사는 사람을 상대할 때는 타인의 안녕과 행복만을 신경 쓰는 사람을 상대할 때보다 훨씬 영향력을 행사하기가 어렵다. 부끄러움은 자아를 억누르는 데에 큰 역할을 하지만 전자의 경우에는 양심의 가책을 느끼게 하기도 쉽지 않다.

대중을 조종하는 수단 중 하나는 여론이다. 여론은 다수에게 진리로 받아들여지며 원하든 원치 않든 모두가 믿어야 하는 대상이다. 그래서 여론에 맞서면 비정상적인 사람이 된다. 권력자들은 이러한 방식으로 사람들이 다른 의견을 내지 못하도록 한다. 이때 대중은 양 떼처럼 주어진 박자에 맞춰 소리를 낸다. 하지만 이기주의자는 이러한 상황에서 뇌를 작동시키는 버튼을 눌러 본인만의 의견을 내야 한다는 생각을 한다.

우리는 다양한 주제에 관해 독립적인 의견을 가져야 한다. 단지 이웃이 그렇게 말했다는 이유만으로 값싼 선동에 휘말리지 않도록 하자. 아무리 대중적이지 않은 관점이라도 내면의 가치와 원칙에 부합한다면 그것을 표출할 수 있는 용기를 갖자. 그러지 못하면 자기를 부정하게 된다.

이기주의자는 내면의 목소리에 귀 기울여 소원을 깨닫는 법을 배웠기 때문에 자기를 매우 잘 안다. 그들은 끊임없이 스스로 프로그래밍하며 사회적 환경이나 무의식을 조종하는 광고 미디어가 자신에게 영향력을 행사하도록 내버려 두지 않는다. 이기주의자는 자신에 대한 통제권을 잃지 않으려고 하며 결정을 내려야 하는 상황에서는 언제나 다른 누구도 아닌, 자신이 결정을 내린다. 자의식이 강한 사람에게 영향력을 행사하기란 매우 어렵다.

팀 그로버는 미국에서 최고의 운동선수들을 담당하는 인기 있는 트레이너이다. 그는 NBA의 슈퍼스타인 마이클 조던과 코비 브라이언트가 그들의 한계를 넘어 능력의 최대치를 끌어낼 수 있도록 도왔다. 자신의 저서 『타협은 없다(Relentless)』에서 그로버는 자신이 맡았던 특출난 운동선수들을 아래와 같이 묘사했다. 그는 뛰어난 선수들을 가리켜 클리너(Cleaner)라고 불렀다. "클리너는 '모든 것은 나의 통제하에 있다'는 생각을 갖고 있다. 클리너는 강한 자의식을 갖고 경기장에 입장하며 나올 때는 반드시 결과물을 남긴다. 클리너는 자신에게 이익이 돌아오도록 상황을 이끌어 나가는 용기와 비전을 지닌 사람이다."[8]

통제와 관련된 좋은 격언이 있다. "당신이 가난하게 태어났다면 그것은 당신의 잘못이 아니다. 당신이 가난하게 죽는다면 그것은 당신의 잘못이다." 이 문장은 당신의 삶에서 일어나는 일들이 누구의 책임인지를 분명히 보여 준다. 그 누구도 아닌 바로 당신 자신의 책임이다.

우리는 정말 많은 사람과 알고 지내면서도 정작 자신에 대해서는 잘 모른다. 자라면서 끊임없이 타인에게 맞추고 다른 사람을 위해 자신을 희생하는 게 옳다고 교육받았기 때문이다. 그래서 자신의 내면을 들여다보는 일은 우리를 불안하게 만든다. 이에 관해 자동차 회사 포드의 창업자 헨리 포드는 다음과 같이 언급한 적이 있다. "생각하는 것은 가장 어려운 일이다. 소수의 사람만이 생각할 줄 아는 것은 아마 그 때문일 것이다." 생각하는 것을 멈추지 말아야 한다. 희생양이 되지 말고 지배자가 되자.

내 차의 기어는 몇 단인가

....

대부분의 사람은 일정한 패턴으로 행동하며 그 행동은 사람마다 다른 특징을 지니고 있다. 무의식중에 혼잣말을 하는 등 관성적으로 하는 행동도 이에 포함된다. 사람들은 자신이 어떤 방식으로 움직이는지 모르기 때문에 행동을 바꿔 미래에 영향을 미칠 수 없다.

만약 당신이 모는 차의 기어가 5단까지 있다는 사실을 아무도 알려 주지 않는다면 평생 2단에만 기어를 놓고 차를 몰면서 차가 왜 빨리 가지 못하는지 의아해할 것이다. 우리의 인격이 어떻게 형성되며 우리가 어떤 방식으로 행동하는지 아무도 알려 주지 않는다. 그래서 때가 되면 인생을 잘 살아가기 위해 자신을 어떻게 사용하는지 스스로 탐구하여 터득해야 한다. 그리고 이 과정을 거치기 전에 자신을 실제로 중요한 사람이라고 여겨야 한다.

많은 사람은 그저 저속 기어로만 삶을 주행하고 싶어 한다. 그것도 괜찮다. 단, 그런 방식을 택한 것이 그 사람의 자유로운 결정일 때에만. 그렇게 결정을 내렸다면 차가 느리게 간다고 불평하거나, 누군가가 추월했을 때 욕해서는 안 된다. 이기주의자는 자신이 내린 결정에 완전히 책임지며 일이 잘못됐을 때도 상황이나 주변 환경을 탓하지 않는다. 그렇게 해봤자 자유롭고 자율적인 삶에 방해만 되기 때문이다.

내가 블라디미르 클리츠코와 미국인들의 관점에 관해 대화를 나눴을 때, 그는 이렇게 말했다. "사람들은 자주 자신의 한계를 규정짓습니다. 제 생각에 미국이 초강대국이 된 건 이기적인 사회 덕분인 것 같아요. 잠재적인 가능성보다도 더 큰 자아를 지닌 사람들이 모여 있죠. 그 덕분에 가능성이 더 커지기도 하고 그렇게 계속 앞으로 나아가는 겁니다."⁹ 클리츠코는 공식석상에서 "나는 나의 원동력이다"라는 문장을 가장 좋아한다고 밝혔다. 이 문장은 모든 것을 말하고 있다. 어딘가에 적어서 집이나 직장에 붙여 두자.

내가 먼저 산소마스크를 써야 하는 이유
....

비행이 본격적으로 시작되기 전에, 승무원들은 승객들에게 다음과 같은 안전 수칙과 비상 대피 요령을 안내한다. "기내에 기압이 감소하면 좌석 위에서 산소마스크가 자동으로 내려옵니다. 먼저 산소마스크를 잡아당겨 입과 코에 대고 꽉 조여 주십시오. 그다음에 아이들과 동행자를 도와주시기 바랍니다."

이것은 좋은 이기주의를 대변하는 완벽한 묘사이다. 당신이 의식을 잃어 다른 사람의 도움이 필요한 상황이 온다면 오히려 다른 이들을 위험에 빠뜨리는 것이다. 결과적으로 누구에게도 좋을 것이 없다. 하지만 실제로 많은 사람이 이런 어리석은 행동을 하고 있다. 이들은 자신은 돌보지 않고 타인에게만 신경 쓴다. 어쩌면 그렇게 수년간 혹은 수십 년 동안 잘 지낼 수도 있다.

하지만 그중 어떤 이는 어느 날 아침에 본인 몸의 반쪽이 마비된 것을 발견할지도 모른다. 그들은 자신에게 부당한 일을 너무 많이 요구했고 '아니요'라고 답했어야 할 순간에 너무도 자주 '네'라고 답했다.

우리의 신체와 영혼은 자기 자신과 충돌하는 순간을 바로 알아챈다. 그래서 자신의 욕구를 억누르면서까지 타인에게만 신경 쓴다면 언젠가 혹독한 대가를 치러야 할 수도 있다. 그 대가는 반드시 신체적인 문제로만 나타나는 건 아니다. 예를 들면 갑작스럽게 모든 의욕을 상실하기도 한다. 순식간에 스스로 아무것도 해결하지 못하고 도움을 받아야 하는 사람이 되어 버리는 것이다. 이것은 교회에서 외치는 '아멘'만큼이나 확고한 사실이다. 자신을 돌보지 않으면 언젠가는 다른 누군가가 당신을 돌보게 될 것이다. 당신은 사실 그 반대를 꿈꾸며 다른 사람의 행복을 위해 꾸준히 노력해 왔을 텐데 말이다. 아주 잠깐은 생각했던 대로 흘러갈지도 모르지만 언젠가는 그 대가를 치르게 되어 있으니 내 말을 믿어야 한다.

독일 통일을 이끈 총리 헬무트 콜. 그의 아들로 살아 온 삶은 분명 쉽지 않았을 것이다. 나는 콜 전 총리의 아들 발터 콜을 수차례에 걸쳐 만나면서, 그가 어떻게 그 부담을 이겨 내고 정신적인 감옥에서 탈출할 수 있었는지 물었다. 그는 이렇게 말했다. "나는 오랜 시간 동안 모든 사람과 일에 신경 쓰면 인정과 사랑을 받을 수 있으리라고 믿으면서 살았습니다. 그러나 이 전략은 혼란만 가져올 뿐이었죠. 제 생각에 최대한 많은 사람을 행복하게 만드는 것은 우리의 목표가 될 수 없습니다. 다른 이를 신경 쓰기 전에 먼저 자기 자신과 조화를 이루어야 합니다."[10]

이기심은 이타심의 출발점이다
●

인도의 철학자이자 명상가인 오쇼 라즈니쉬는 살아생전에 부처와 비교되었던 인물이다. 달라이 라마는 그를 깨달은 스승이라고 불렀다. 이기심에 대한 다음과 같은 오쇼의 관점은 이기주의에 관한 논의를 올바른 방향으로 이끌어준다.

"이기적이지 않은 사람은 이타적일 수도 없다는 사실을 잊지 말아야 한다. 분명히 기억하자. 이기적이지 않은 사람은 헌신적일 수 없다. 이는 겉보기에는 모순적으로 들리기 때문에 주의를 기울여 이해해야 한다. 이기적이라는 것은 어떤 의미인가? 그 기초가 되는 첫 번째 조건은 자신을 중심에 세우는 것이다. 두 번째 조건은 항상 자신의 행복을 추구해야 한다는 것이다. 내가 중심이 되고 나서 하는 행동은 모두 마음에서 우러나온 것이다. 그렇기에 다른 사람을 위해 무언가를 기꺼이 할 수도 있다. 그 행동이 당신을 행복하고 만족스럽게 만들기 때문이다."[11]

오쇼의 말은 어딘가 종교적으로 들리기도 하지만 이기주의의 핵심을 정확히 담고 있다. 상대의 행복만을 신경 쓰는 태도는 나의 행복을 보장하지 못한다. 상대방을 위해서도 나를 위해서도 바람직한 태도가 아니다. 모든 사람은 자신의 행복에 책임이 있다. 우리는 그 사실을 잊으면 안 된다. 잘못된 근거를 바탕으로 한 모든 행동은 우리를 종속적으로 만들며 불만족과 좌절을 야기할 뿐이다.

안타깝게도 많은 연인이 잘못된 기반 위에서 관계를 이어 나간다. 이들은 한 사람이 다른 사람을 행복하게 만들어 주기 위해 노력하고 상대의 행복이 곧 자신의 행복인 것처럼 여긴다. 이와 같은 태도와 행동은 얼마 못 가 역효과를 낼 확률이 높다. 만약 자신이 아무리 노력해도 상대가 행복해지지 않으면 어떻게 할 것인가? 그러면 상대뿐만 아니라, 자신도 행복해지지 못한다. 이런 관계에서는 서로가 서로에게 지나치게 의존하므로 상대가 행복해야만 내가 행복할 수 있다. 참으로 비극적인 상황이다. 양심의 가책을 느끼지만 않았어도 상대가 아닌 자신의 행복을 위해 살았을 것이기 때문이다.

실제로 자신의 행복을 위해 노력하고 주변 사람도 함께 노력하도록 만드는 것이 더 건강한 방법이다. 이미 종교에 관해 이야기가 나왔으니 예수 그리스도의 십계명 중 하나를 인용해 보자. "네 이웃을 네 몸과 같이 사랑하라!" 자신을 존중하지 않는 사람은 다른 이도 존중할 수 없으며 자신을 사랑하지 않으면 다른 이도 사랑할 수 없다.

그런데도 많은 사람은 죄책감을 가지며 자신은 충분히 잘하지 못하고 그렇게까지 소중하지 않다고 생각한다. 이 또한 신학의 관점에서 반박해 볼 수 있다. 신학자는 하느님이 어떤 실수도 하지 않는다고 말할 것이다. 어떤 실수도 하지 않는 창조주가 있다면 그의 창조물인 우리에게서도 결점을 찾을 수 없어야 한다. 그러니 우리는 스스로를 있는 그대로 받아들여야 한다. 주의해야 할 점은 받아들여야 하는 대상이 태도가 아니라 개인의 특성이라는 사실이다. 태도는 바꿀 수 있지만 특성은 바꾸지 못한다.

물병에 물이 차 있어야 그 물을 다른 잔에도 따를 수 있다. 앞서 인용한 십계명이 뜻하는 바도 이와 같은 맥락일 것이라고 생각한다. 자기에 대한 사랑으로 마음을 가득 채워야 비로소 이웃을 사랑할 수 있다. 앞을 볼 수 있는 사람이어야 그러지 못한 사람을 이끌 수 있다. 한 분야의 대가가 되어야 제자를 교육시킬 수 있다. 자신을 사랑하는 사람은 다른 사람에게도 사랑을 줄 수 있다. 무언가로 채워져야만 무언가가 나올 수 있다. 다른 방식은 불가능하다. 잊지 말아야 할 점은 당신의 물통을 채우는 건 당신의 책임이라는 사실이다.

인생이 전반적으로 좋은 상태일 수 있도록 살피자. 자신에게 신경을 많이 쓰면 쓸수록 주변도 더 나아질 것이다. 모두가 이 원칙을 적용한다면 세상은 더 나은 곳이 될 것이다. 자신을 존중하고 내면을 숨긴 채 투쟁하지 않아도 되므로, 사람들은 더 이기적이고 더 나은 모습이 될 것이다. 모두가 이기적인 균형과 자신 있는 태도를 유지하며 모략과 증오가 없는 세상이 될 것이다. 이기주의의 좋은 측면이 바로 이것이다.

2장

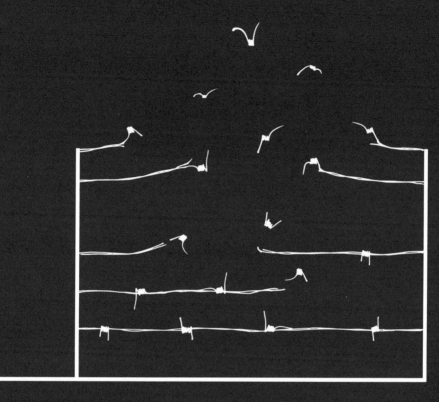

삶의 주도권을 되찾기 위한
16가지 원칙

원하는 것이 있을 때마다 모든 것을 설명하고 정당성을 얻을 필요는 없다. 자신의 요구에 정당성을 부여하려 애쓰는 사람은 자신의 기분, 행동, 소망을 존중하지 않는 것이다. 그것은 결국 스스로를 존중하지 않는다는 의미이다.

나는 그저 주기만 하는 것에는 관심이 없다. 무언가를 주는 행위에는 자원과 에너지는 물론이고 대부분 돈이 들게 마련이다. 다른 누군가를 위해 투자하는 시간에 나는 내가 운영하는 회사 또는 자신을 위해 무언가를 하거나, 아내와 좋은 시간을 보낸다. 나는 내 시간을 최대한 의미 있게 보내고 싶다. 그래서 나는 물물교환 개념이 매우 명확하다. 누군가가 나에게 원하는 게 있으면 거래를 제안한다. 상대가 그 거래를 받아들이면 상대가 약속한 물건을 실제로 보냈는지 먼저 확인한다. 확인되면 그를 위해 기꺼이 최선을 다한다.

많은 경우 상대는 나에게서 처음에 기대한 것보다 많은 것을 받는다. 나는 넉넉하고 여유로운 사람이다. 10년이 넘는 세월 동안 불굴의 의지로 끈기 있게 노력한 결과이다. 충분한 자금, 최고의 인맥, 누구도 갖고 있지 않은 내부 정보. 특히 경제 분야에서 큰 차이를 만들어 낼 수 있는 다양한 능력을 갖고 있다. 이 모든 것은 스스로를 존중한 덕분에 얻을 수 있었던 것들이다.

나의 자원을 활용하고 싶은 사람이라면 내게 자신을 증명해 보여야 한다. 나는 상대가 기분에 따라 드나들 수 있는 셀프서비스 가게가 아니다. 이러한 관점은 상대를 존중하는 태도와도 관련이 있다. 이를테면 누군가가 먼저 나를 존중해 주면 나 또한 그 상대를 존중한다. 몇십만 원의 거래를 목적으로 나를 찾아왔다가 결과적으로 억대 수익을 얻게 된 사람도 있다. 처음에 그들이 나를 찾아왔을 때는 그렇게 되리라고 생각하지 못했을 것이다. 하지만 나는 결과를 미리 알고 있었다. 내가 지닌 자산과 자원의 가치를 알고 있기 때문이다.

페라리는 요란한 굉음 없이 시동이 걸리지 않는다. 페라리의 엔진은 다른 차와는 다른 차원으로 작동한다. 나 또한 비슷하다. 내가 다른 누군가를 위해 엔진에 시동을 걸면 공회전만 해도 그 사람은 나에게서 충분히 많은 것을 얻게 된다. 나는 이 사실을 알고 있기 때문에 나 또한 그 거래를 통해 무언가를 얻을 수 있을 때에만 시동을 건다.

단호하게 '아니요'라고 말한다

모두에게 유리한 상황은 나와 상대에게 일어날 수 있는 최고의 상황이다. 이기주의자는 그런 상황을 현실로 만들 수 있도록 조건을 분명히 표시해야 한다. 이것이 가능하려면 소원, 요구 사항, 목표에 대해 명확히 소통하여 상대가 정확히 알아들을 수 있도록 해야 한다. 공동 프로젝트를 실행한다면 투명성이 전제되어야 한다. 만약 상대가 나와 함께하지 않는다고 해도 투명하게 말해 준다면 결과적으로 서로의 시간과 에너지를 절약할 수 있다. 협력할 새로운 파트너를 얻거나, 더 의미 있는 프로젝트를 진행하기 위한 시간을 벌게 된다.

그렇다고 해서 항상 어떤 성과를 얻어야만 하는 것은 아니다.

새롭고 가치 있는 경험을 할 기회이거나, 비물질적인 것을 얻는 경우도 있다. 어쨌거나 내가 명확하게 하고 싶은 건 받는 것 없이 계속 주기만 하는 사람은 곧 텅 비어서 아무것도 주지 못하게 될 거라는 것이다. 인간관계에서나 직장에서 스스로를 생각하지 않고 주기만 하다가 완전히 소진되어 버린 사람들의 이야기를 읽어 보면 알 수 있다. 나누기만 하다가 모든 것을 잃어버리고 실패한 사람이 너무도 많다.

2018년 2월, 건강보험사 프로노바 BKK(Pronova BKK)의 의뢰로 작성된 「2018 기업 건강 보고」 연구는 독일 전역의 근로자 1650명을 대상으로 온라인 설문조사를 통해 진행되었다. 결과는 무시무시했다. 이 조사에서 독일의 근로자 중 87퍼센트는 스트레스에 시달리고 있으며 50퍼센트는 자신이 번아웃 직전이라고 답했다.[12]

이기주의자라면 자신의 상황이 이렇게까지 악화되도록 내버려 두지 않았을 것이다. 선을 긋고 내면의 목소리를 들었을 것이다. 스트레스를 받고 있는 사람이 이토록 많은 건, 대부분 자신의 감정보다는 타인의 의견을 더 존중했기 때문이다. 이기주의자는 이용당한다고 느끼거나 너무 많은 부담을 느끼는 상황이면 선을 긋는다. 공손하고 정중하게 '아니요'라고 대답한다. 그들은 자신의 욕구와 소원이 행복한 삶을 건축하는 데 필요한 소재라는 사실을 잘 알고 있기 때문에 정확히 보고 듣는다.

타인이 삶을 건축할 때 쓰는 재료를 빌려 쓰고 타인의 인생 설계도로 자신의 삶을 건축해야 할 때 우리는 불행해진다. 이렇게 삶을 건축하면 겉보기에 수십 년간 문제없이 유지될지 몰라도 언젠가는 불안한 자아가 존재감을 드러낼 것이다. 나의 기반은 언제나 자신이라는 사실을 명심해야 한다. 그 기반이 견고할수록 더 높은 건물을 쌓아 올릴 수 있다.

컴플레인을 망설이지 않는다

나는 출장과 여행을 다닐 때 개인 제트기를 타고 이동하는 걸 굉장히 좋아한다. 개인 제트기에서는 모든 게 자유롭다. 출발 시각도 마음대로 정하고 보통의 경우에는 공항의 보안 절차를 통과할 필요도 없고 나의 긴 다리를 놓을 공간도 넓다. 그리고 무엇보다, 기내 온도를 원하는 대로 맞출 수 있다. 좌석 바로 옆에 온도를 조절하는 패널이 있기 때문이다. 비행기를 타면서 땀을 흘릴 때만큼 불쾌한 순간도 없다. 덜덜 떨고 있어야 하는 경우도 마찬가지로 최악이다.

하지만 나의 일정을 감안하면 개인 제트기를 이용하는 것은 비경제적인 경우가 많다. 상황이 여의치 않은 경우, 나는 루프트

한자의 비즈니스 클래스를 예약한다. 그러면 기내에 혼자 앉아 있는 것이 아니다 보니, 안타깝게도 좌석에서 직접 온도를 조절하지 못한다. 하지만 나는 주로 출입구 바로 옆 맨 앞줄에 앉기 때문에 화면을 통해 기내 온도가 몇 도인지 확인할 수 있다.

기내의 온도는 너무 높게 설정되어 있는 경우가 잦다. 나는 항공 승무원들이 사소한 것들을 충분히 민감하게 받아들이지 않는다는 사실에 항상 놀란다. 나쁜 의도를 가지고 그렇게 한 것은 아니었겠지만 그들은 타성에 젖어 있다. 그래서 나는 항상 친절하지만 분명한 목소리로 온도를 조금 낮춰 달라고 부탁한다. 이렇게 부탁을 하는 순간 승무원들도 기내가 너무 덥다는 사실을 알아차리고 이에 맞게 온도를 조절한다. 승무원들에게 권하는 기내의 국제 표준 온도는 21도이다. 온도가 너무 높으면 비행 중에 신진대사 장애를 일으킬 수 있기 때문이다.

일상에서 나는 주변 사람들이 잠을 자고 있다고 자주 느낀다. 실제로는 눈을 뜨고 있지만 내면은 이미 잠든 것이나 다름없다. 이기주의자는 완전히 깨어 있으며 하루하루, 순간순간을 즐긴다. 매 순간 얻을 수 있는 모든 것을 얻고 싶어 하기 때문이다. 그들은 최대한 많은 것을 원한다. 그래서 바라는 것을 이야기하는 데에도 주저함이 없다. 그럴 만한 가치가 있기 때문이다.

다시 한번 비행 중에 겪었던 일을 사례로 들어 보겠다. 나는 비행을 자주 하다 보니 기류에 대해서도 좀 알게 되었고 언제쯤

기체가 흔들릴지도 알고 있다. 주로 다양한 대기가 서로 만나면 소용돌이가 발생하면서 기체는 불안정해진다. 한번은 내 옆자리에 한 여성분이 앉았는데, 비행기를 자주 이용하는 분 같지 않았다. 그녀는 기체가 불안정하게 움직이는 와중에 뜨거운 커피를 한 잔 가득 주문했다. 나는 승무원이 그 주문에 왜 그대로 응했는지 지금까지도 이해할 수 없다. 아마 뜬눈으로 자고 있는 중이라 그랬을지도 모르겠다.

아무튼 그 여성은 커피 잔을 받아 자신의 왼쪽 (즉, 나의 오른쪽) 접이 테이블 위에 올려 두었다. 곧 어떤 일이 일어날지 알고 있었던 나는 공손하지만 단호하게 그 커피를 다른 쪽으로 옮겨 달라고 부탁했다. 보통은 중간 좌석에 보관하는 재킷도 미리 안전한 곳으로 대피시켰다. 그리고 잠시 후 결국 일어나야 할 일이 벌어졌다. 우리가 타고 있던 비행기가 난기류를 지나면서 기체가 흔들렸고 뜨거운 커피는 그녀의 바지 위로 쏟아졌다.

그러나 나는 깨끗하고 마른 상태를 유지할 수 있었다. 내가 옳았다는 말을 하려고 혹은 타인의 불행을 보며 즐거웠다는 말을 하려는 것이 아니다. 이 이야기의 핵심은 내가 내 뜻을 관철시켰다는 사실에 있다. 나는 그 커피 잔이 쏟아지지 않았어도 기뻤을 것이다. 나의 안전이 무엇보다 중요하기 때문이다. 만약 커피를 옮겨 달라고 말하지 않았다면 내 재킷과 바지는 온통 커피로 뒤범벅되었을 뿐만 아니라, 스스로를 소중하게 여기지 못했다는 생각이 들었을 것이다. 그랬다면 원하는 바를 표현하지 않은 나에게 화가 났을 것이다.

또 다른 예를 들어 보겠다. 나는 블랙래인이라는 운전기사 서비스를 정기적으로 이용한다. 매우 실용적인 서비스이다. 앱을 켜서 비행기 도착 시간을 입력하면 기사가 '바크하우스 씨'라고 적힌 팻말을 들고 공항 입국장으로 마중 나온다. 개인 제트기를 이용할 때는 기사가 리무진을 운전하여 비행기 바로 앞까지 마중 나오고 내 짐도 바로 받아서 실어 준다. 나는 아무것도 할 필요가 없다.

최근에 로마에 가서 이 서비스를 이용했을 때 한 젊고 적극적인 청년이 마중 나와서 나의 짐을 받아 주었다. 차를 타자 리무진 안은 커다란 음악 소리로 가득 찼고 운전기사는 출발할 때까지도 그 소리를 줄이거나 끌 의향이 없어 보였다. 당연한 말이지만 나는 그에게 공손하게 그 음악을 꺼달라고 부탁했다. 나는 차 안에서 통화하거나 업무를 봐야 한다. 내가 직접 운전하지 않고 기사를 부르는 이유 중 하나는 운전 대신 해야 할 다른 많은 일이 있기 때문이다. 게다가 리무진 운전기사 서비스에는 손님이 듣기 좋은 음악을 틀거나 음악을 아예 틀지 않는 것도 포함된다. 성공한 사람들은 주의를 산만하게 하는 시끄러운 음악이 아닌 고요와 안정을 원한다.

내가 만약 아무 말도 하지 않았다면 신경이 날카로워진 상태로 목적지에 도착했을 것이다. 그 때문에 어쩌면 중요한 이메일에 답장해야 한다는 사실을 잊어버릴 수도 있고 그 결과로 수천만 원의 계약을 성사시키지 못했을 수도 있다. 아니면 아내에게 내가 잘 도착했다고 연락하는 걸 깜빡해서 아내가 걱정했을 수도 있다. 운전기사에게 음악을 꺼달라고 부탁하지 않음으로써 이 모든 상황을 감수할 작정인가? 절대 그럴 수 없다.

경청한 후 질문해 정보를 얻는다

이기주의자는 끊임없이 이득을 찾는다. 특히 사업에서는 한발 앞선 정보를 얻는 것이 매우 중요하다. 하지만 그런 중요한 정보는 어떻게 얻을 수 있을까?

이기주의자는 경청하는 습관을 지녔다. 말을 많이 하고 싶더라도 참고 상대의 말을 주의 깊게 경청한다. 상대가 말하기를 멈추면 질문을 해 계속 이야기할 수 있도록 분위기를 조성한다. 독일에서는 이런 표현을 자주 쓴다. "물어보는 자가 이끈다." 나는 이 문장을 다음과 같이 보충하고 싶다. "제대로 경청하는 사람이 올바른 질문을 할 수 있다." 이것은 단기적 이익과 장기적 이익의 차이를 보여주기에 매우 좋은 예이다. 당신이 만약 당신의 지식과 의견을 다른 사람에게 알린다면 단기적으로는 자아를 만족시킬지도 모르나, 장기적으로는 새로운 정보를 거의 얻지 못하게 된다. 당신은 스스로에게 손해를 입힌 셈이다.

상대가 이야기를 하고 당신은 질문을 함으로써 대화를 특정 방향으로 유도한다면 중요한 정보를 얻을 수 있다. 이 정보들은 다양한 방식으로 당신에게 유용할 것이다. 상식을 키워 주거나, 전문 지식을 풍요롭게 해줄 수도 있다. 예를 들어, 특정 분야의 전문가와 대화를 나누는 상황이라면 그가 내부 정보를 당신에게 최대한 많이 들려 주도록 여러 가지 질문을 할 수 있다. 그러다 언젠가 이 주제와 관련이 있는 일을 하게 된다면 그때 들은 정보를 활용하여 유리한 상황을 만들어 갈 수 있다.

주의해야 할 경우는 상장된 기업의 내부자와 대화를 할 때이다. 당신이 질문하는 기술을 갈고닦을수록, 상대에게 신뢰를 얻을수록 더 많은 정보를 얻게 될 것이다. 그러나 상대가 주식과 관련된 정보를 넘겨준 경우에는 조심해야 한다. 그 기업에 유리한 정보라고 해서 주식을 사거나, 불리한 정보라고 해서 그 기업을 상대로 공매를 하는 등 자신의 이익을 위해 내부자에게서 얻은 정보를 이용해서는 안 된다. 이는 내부 정보 거래에 의한 범죄에 해당하며 상황이 심각한 경우에는 감옥에 가게 될 수도 있다. 이기주의자는 결코 자신의 자유를 걸고 모험을 하지 않는다. 자유보다 더 중요한 것은 없다. 게다가 범죄를 저지른다면 단기적으로 이익을 가져다줄지 모르나, 장기적으로는 스스로를 해치는 일이다. 현명하지 못한 처사이다.

당신이 대화를 통해 정보를 모아야 하는 중요한 이유는 한 가지 더 있다. 그 정보를 무기로 활용할 수 있다. 이 표현이 썩 마음에 들지는 않지만 어떤 의도로 이렇게 표현하는 것인지 명확하게 설명해 보겠다. 우리는 일상에서 협상해야 하는 상황을 자주 마주한다. 그 협상은 배우자 또는 연인과 다음 휴가 장소를 선택하는 내용일 수도 있고 임금 협상일 수도 있다. 또는 잠재 고객을 상대로 한 가격 협상이 될 수도 있다.

모든 협상에서 가장 중요한 자원은 정보이다. 만약 오랜 시간 대화하며 협상 대상에 대한 중요한 정보를 모았다면 이것을 논의 과정에서 당신에게 유리한 방향으로 활용할 수 있다. 이때, 그동안 모은 정보를 조심스럽게 조합해야 한다. 갑자기 모든 정보를 쏟아내면 협상은 공격의 장이 되어 버리고 상대방은 높은 요새를 쌓아 마음의 문을 닫아 버리는 수가 있다. 하지만 협상 파트너가 예전에 제시했던 정보를 당신의 논거로 제시한다면 상대방은 수긍할 수밖에 없다. 그러지 않으면 자신이 했던 말을 반박하는 것이기 때문이다. 이때 우리는 상대방을 한 번에 제압할 수 있는 논거를 던지는 게 아니라 그가 했던 말을 인용하기만 하면 된다. 그렇게 하면 당신은 유리한 방향으로 협상을 마무리할 수 있다.

계약을 지킨다
단, 상대가 계약을 지킬 경우에만

협정과 계약은 좋은 것이다. 다만 조정 과정을 공정하게 진행하여 나중에 당신이 상대에게 무언가 빚지고 있다는 말이 나오지 않도록 주의를 기울여야 한다. 이 규칙이 적용되지 않는 유일한 상황은 상대가 계약 내용을 따르지 않는 경우이다. 당신은 절대 이런 상황의 피해자가 되어서는 안 된다. 누군가가 약속된 성과를 가져다주지 않은 채, 당신에게서 이득만을 취하려고 할 때혼자 계약에 매여 있을 필요는 없다. 이진법 식으로 생각하면 된다. 상대방이 태세를 0으로 전환한다면 그 계약은 거기서 자동으로 끝나 버린다.

한번은 이름이 꽤 알려진 나의 친구 중 한 명이 이용당한 일이 있었다. 그는 한 대리점에서 매우 비싼 물건을 주문하고 대리점에서 요구하는 최소 계약 기간을 지키기로 했다. 이러한 결정을 내려도 괜찮을 때는 본인이 손해보지 않을 정도의 명확한 보상이 정해져 있는 경우이다. 즉, 당신도 상대에게 최소한의 조건을 요구해야 한다는 뜻이다. 요구 사항이 지켜졌을 때에만 계약 내용을 지키고 비용을 지불할 의무가 생기는 것이다.

안타깝게도 내 친구는 이러한 요구를 하지 않았다. 그럼에도 자신을 분노하게 만드는 것 외에는 아무것도 가져다준 게 없는 그 계약을 지켜야 한다고 생각했다. 좀 더 명확하게 표현하면 그는 자신이 얻지 못한 것에 대한 비용을 지불했다. 그러고도 계속해서 그 계약을 지킬 의무가 있다고 느꼈다. 그래서 약속을 지키지 않은 그 업체 대신 다른 곳을 찾아 계약을 맡길 생각을 하지 못했다.

당신은 이런 실수를 하지 않길 바란다. 다른 사람에게 이용당하지 말자. 실제로는 아무것도 해주지 않으면서 당신의 주머니에서 돈을 빼 가려고 하는 사기꾼들이 많다. 당신은 그들을 저지해야 한다. 계약을 맺고도 계약 상대가 당신과 협의했던 내용을 이행하지 않는다면 당신도 그 사람과 했던 합의에 더는 묶여 있지 않아도 된다. 상대가 계약에 대한 신의를 지키지 않는다면 당신 또한 그럴 필요가 없다. 이제 그 계약을 따를 의무는 없다. 혹시 이미 너무 큰 비용을 치렀다면 그 비용을 돌려 달라고 격렬하게 요구하라. 어떤 것도 양보하지 말자. 계약 상대를 지구 끝까지 쫓아가서 이행되어야 할 내용이 다른 방식으로라도 이루어지는 것을 확인하자. 이는 비단 사업과 관계된 일뿐만이 아니라, 개인적인 일에서도 마찬가지로 적용된다.

자신의 가치를 객관적으로 파악한다

삶의 모든 일은 협상의 대상이다. 당신은 협상을 할 때 누군가가 자신의 한계를 드러내는 순간까지 밀어붙여야 한다. 돈에 관해서도 마찬가지이다. 우리는 언젠가 자신에게 일정한 가치를 매긴다. 그 가치를 나타내는 것은 돈의 액수이다. 이렇게 말하면 어떤 이는 이의를 제기하며 타인에 의해 가치가 매겨진다고 말할지도 모른다. 예를 들면 시급, 월급, 연봉의 형태로 말이다. 하지만 그 액수를 받아들인 것은 결국 자신이다.

당신은 임금 계약서에 적힌 가치를 머릿속으로 받아들였고 액수를 확인하고 계약서에 서명했다. 그에 대한 책임은 당신이 져야 한다. 책임지는 자만이 무언가를 바꿀 수 있는 힘도 갖는다.

당신은 당신의 가치를 스스로 매길 권리가 있고 자신의 가치에 영향을 미칠 수 있어야 한다.

텔레비전 쇼의 진행자인 비르기트 슈로방게와 마지막으로 통화했을 때, 우리는 여성의 임금에 관해 이야기를 나누었다. "돈은 평가와 인정을 의미하죠. 당신이 일하고 받는 대가는 그 일에 대한 평가입니다. 여성의 수입이 남성보다 20퍼센트 정도 적다면 이는 여성에게도 조금은 책임이 있습니다. '나는 가치 있는 사람이고 그만큼 벌 자격이 있고 이러이러한 정도의 임금을 받고 싶다. 나는 일을 잘하고 하는 일을 꿰뚫고 있고 성실하고 멋지기 때문이다'라고 입장을 분명히 밝히지 않은 것이죠."[13]

자신의 가치를 계산하는 일이 쉽지 않다는 사실은 인정한다. 그것은 한 단계씩 한계를 확장해 나가는 과정에 가깝다. 상대가 당신의 요구를 더 이상 받아들이지 않는 경계 지점까지 요구 사항을 늘려 가야 하고 그 과정에서 상대의 이기심도 고려해야 한다. 상대도 당신에게서 최대한의 효용을 끌어내려고 할 것이기 때문이다. 이는 정당하기에 당신이 고객들에게 또는 고용주에게 가져다줄 수 있는 가치를 계산해 낼 수 있어야 한다. 분명한 사실은 당신이 회사에 벌어다 주는 금액 모두를 요구할 수는 없다. 그렇게 하면 상대는 얻는 것이 없기 때문이다.

기업의 관점에서 임금 협상을 준비한다

임금 협상에서 가장 중요한 사실은 당신에게 그만한 가치가 없다면 더 많은 임금을 요구해서는 안 된다는 것이다. 기업이 당신을 채용한 이유는 단 한 가지이다. 기업의 이윤 창출에 도움이 되기 때문이다. 당신이 이윤 창출을 할 수 없다면 그에 따른 보상도 요구할 수 없다. 이렇게 말하면 냉정하게 들리겠지만 매우 정당하고 완벽하며 논리적인 처사이다.

이처럼 인정사정없는 솔직함에는 좋은 면도 있다. 당신은 지금부터 기업이 어떻게 하면 더 많은 수익을 올릴 수 있을지 생각해 보면 된다. 즉, 더 많은 임금을 받고 싶다면 당신이 다니는 기업의 가치를 증대시키면 되는 것이다. 기업의 입장에서 당신이 어떤 가치를 지니는지 생각해 보자. 회사가 낸 성과를 들여다보고 당신이 거기에 어떤 기여를 했는지 분석해 보자.

보통 당신은 회사에 가져다준 이익의 4분의 1 정도를 가져가게 된다. 자신의 몫을 늘리기 전에 회사의 거래와 매출을 생각하자. 회사에 더 큰 이익을 가져다 줄 방법을 고민해 보는 건 그보다 훨씬 좋다. 예를 들어 당신이 일을 더 빠르게 처리할 수 있으면 회사 입장에서는 분명한 이득이다. 회사의 비용을 절약할 수 있는 아이디어를 가지고 있는가? 그렇다면 회사는 지출을 줄임으로써 높은 이익을 창출할 수 있다.

그리고 무엇을 하든 간에 당신에게 맞는 경기장에서 뛰어야 한다. 이 말은 무슨 뜻일까? 거액 연봉자들은 모두 입을 모아 자신이 사랑하는 일을 해야 한다고 이야기한다. 당신은 당신이 재능 있고 열정이 생기는 분야에서 가장 높은 성장 가능성을 갖고 있다. 사람은 자신이 좋아하는 일을 잘한다. 그러므로 만약 지금 본인에게 맞지 않는 경기장에서 뛰고 있다면 더는 스스로를 괴롭히지 말자. 당신은 그곳에서 큰 도약을 하지 못할 것이다. 어쩌면 할 수 있을지도 모르지만 큰 고통과 위험을 안고 번아웃이나 무력감에 시달리는 상태에서만 가능할 것이다. 다른 수많은 근로자처럼 말이다.

지금까지 해온 업무를 계속하면서 더 많은 임금을 요구하기보다, 상사에게 보직을 바꾸거나 다른 부서를 경험할 수 있는 가능성에 대해 문의해 보자. 경영학계의 전설 피터 드러커가 알려준 대로, 자신의 강점을 강화해라. 시간이 남을 때 자발적으로 자신의 능력을 발전시켜라. 매일 점심시간에 당신의 목적에 부합하는 책을 조금씩이라도 읽는다면 당신은 머지않아 대체 불가능한 사람이 될 것이다.

삶의 많은 것들은 준비가 매우 중요하다. 임금 협상을 하는 자리에 의욕적이고 자신 있는 태도가 중요하다는 말은 틀렸다. 공격적이어서는 더더욱 안 된다. 그렇게 하면 상대는 방어적인 자세를 취하게 될 것이다. 상사가 당신보다 협상 경험이 더 많다는 사실을 잊어서는 안 된다. 협상에서 꼭 어떤 역할을 맡으려고 애쓸 필요는 없다. 좋은 근거만 가지고 있다면 확신에 찬 말투가 아니더라도 점수를 얻을 수 있다.

임금 협상을 시도하고 싶다면 먼저 세심한 준비에 공을 들인 뒤 몇 주간의 시간을 두고 계획을 실행에 옮기자. 먼저 협상 상대가 당신이 최근에 회사에 기여한 부가가치를 인지할 수 있게 하자. 덧붙여 당신이 지금까지 했던 방식으로 계속해서 부가가치를 내는 것이 기업에 도움이 될지 질문하자. (맞다. 이것은 일종의 유도신문이다.)

당신의 세심한 논거를 몇 주에 걸쳐 전달하고 난 뒤에는 전략적인 논의를 위한 면담 시간을 요청하자. 대화에서는 당신이 더 높은 연봉을 받기 위해 어떻게 하면 기업의 관점에서 더 유용한 직원이 될 수 있을지 적극적으로 고민한다는 사실을 드러내라. 그렇게 말하고 나면 이제 다음 행동을 취해야 하는 쪽은 상사이다. 그는 당신에게 앞으로 어떻게 하는 것이 당신의 가치를 높일 수 있는지에 대한 의견을 제시할 것이며 이는 임금 인상으로 이어질 것이다.

항상 상대의 욕구에 대해 생각하자. 자신의 상황을 기업의 관점에서 바라봐야지, 자기의 관점에서 바라보면 안 된다. 회사에 더 많은 매출과 이익을 가져다줄수록, 당신은 더 높은 가치를 지닌 존재가 될 것이다. 그러니 회사에서 비용을 절감할 수 있는 부분이나 매출을 더 올릴 수 있는 부분을 찾자.

많은 회사는 이러한 노력을 장려하기 위해 여러 가지 정책을 만든다. 회사가 개선할 부분을 찾아내는 직원에게 더 많은 임금을 주거나, 성과금을 주는 등의 보상을 해주는 것이다. 이때 지급되는 성과금은 간혹 억 단위가 되기도 한다. 눈을 크게 뜨고 회사를 둘러보자. 어떤 사무실은 복사실의 위치가 너무 멀어서 직원들이 하루에 한 시간 이상 복사하는 데 시간을 허비하기도 한다. 이런 경우 복사기를 한 대 더 들여놓음으로써 시간과 돈을 절약하자고 제안해 볼 수 있다. 다니고 있는 회사가 당신의 사업체라고 생각하고 그러한 관점에서 한번 관찰해 보자. 당신이라면 무엇을 바꾸겠는가? 가능성은 무궁무진하다.

타인을 위해 나를 희생하지 않는다

우리 사회에는 건강한 자존감을 지닌 사람이 너무 부족하다. 한 유명 커뮤니케이션 전문가는 자신의 세미나에서 참석자들의 자존감을 측정하기 위해 언제나 결정적인 질문 하나를 던진다고 한다. 그는 청중에게 자신이 마음에 드는지 묻는다. 하지만 소수만이 그렇다는 의미로 손을 든다고 한다. 자신이 마음에 든다고 생각하는 경우가 50퍼센트 미만인 경우가 빈번하다고 한다. 미칠 노릇이다. 이것이 이기주의자를 악으로 정의하는 사회의 민낯이다. 장기적으로 이러한 생각이 개인의 삶에 긍정적인 영향을 미칠 리 없다.

우리는 수많은 사람 중 딱 한 사람하고만 24시간 내내 붙어

다니며 이 사람과는 평생 떨어질 일이 없다. 그 사람은 바로 우리 자신이다. 우리가 이 사람을 좋아하지 않거나 존중하지 않는 다면 살아 있는 내내 문제를 안고 사는 것이나 다름없다. 자신을 좋아하지 않으면 자신에게 잘 대해 줄 수가 없다. 이렇게 된 원인은 우리의 양육과 교육과정에 있다. 어릴 때는 자신의 의견을 내세우지 않는 착하고 말 잘 듣는 아이, 성인이 되어서는 말 잘 듣는 사회 구성원이 돼야 한다는 분위기 속에서 자랐다. 우리는 순종의 대가로 자기를 존중하는 법을 잊는다. 나는 그 대가가 너무 크다고 생각한다.

내가 옳다고 생각하는 방식을 설명하기 위해 일상에서 겪었던 사례를 하나 소개하겠다. 한번은 호텔 조식 뷔페에 갔는데 직원이 나를 4인용 식탁으로 안내했다. 식사를 할 때 넓게 앉는 것을 좋아하기 때문에 매우 흡족했다. 잠시 후 한 여성이 다가와서 합석해도 되겠느냐고 물었고 나는 괜찮다고 답했다. 그런데 이상하게도 그녀는 나의 맞은편에 자리를 잡았다. 그것은 우리가 몇 초에 한 번씩 불편하게 마주 봐야 한다는 의미였고 나는 그녀의 결정이 마음에 들지 않았다. 그래서 그녀에게 혹시 동행이 있냐고 물었다. 그녀는 아니라고 답했다. 나는 동행이 없다면 옆자리로 즉 나와 대각선에 놓인 자리로 옮겨 앉아줄 수 있냐고 물었고 그녀는 흔쾌히 그렇게 했다.

나는 부탁할 때 이유를 말하지 않았다. 원하는 것이 있을 때마다 모든 것을 설명하고 정당성을 얻을 필요는 없다. 자신의 요구에 정당성을 부여하려 애쓰는 사람은 자신의 기분, 행동, 소망을 존중하지 않는 것이다. 그것은 결국 스스로를 존중하지 않는다는 의미이다.

당신은 자신을 생각하는 법을 배워야 한다. 다른 이들은 각자가 알아서 신경 쓸 것이다. 다른 사람이 삶을 최면에 걸린 상태로 살아가기로 했다면 그것은 그들의 문제이지 당신의 문제가 아니다. 당신이 세상 모든 사람을 구할 수는 없다. 그러니 이렇게 생각하자. 당신이 누군가를 위해 희생한다면 그 사람이 스스로 성장할 기회를 빼앗아 가는 것이다. 누군가가 항상 나서서 문제를 해결해 줬던 아이들은 어떤 문제가 갑자기 닥쳤을 때 무방비 상태로 위기를 겪는다. 다른 사람들이 위기를 기회로 삼아 발전할 수 있도록 해주자.

이기주의자는 무엇보다 먼저 자기를 생각하고 자신의 욕구와 건강, 안녕을 챙긴다. 작가 그리고리 쿠르로프는 자신의 저서 『바보가 되는 방법(Der Weg zum Narren)』에서 이러한 상황을 매우 잘 표현했다. "이런 말이 있습니다. '당신 스스로를 구하라, 그러면 당신의 곁에서 수천 명이 스스로를 구할 것이다.' (……) 우리는 잘못 생각하며 살아갑니다. 어떤 사람이 고통을 느낄 때 당신이 그 고통이 사라지도록 대신 무언가를 해주면 그를 도와줬다고 생각합니다. 하지만 이 추론은 잘못된 것입니다. 교훈을 얻기 위해서는 사안을 명확하게 인식해야 하고 다가올지 모르는 훨씬 더 큰 고통을 피하기 위해서는 직접 고통을 겪어 봐야 합니다. 안타까운 일이지만 고통은 사람들이 무언가를 배우는 유일한 방법입니다."[14]

이는 마치 아이들이 요리용 철판이 뜨겁다는 걸 배우는 과정과 같다. 뜨거운 철판에 손을 대면 안 된다고 여러 번을 말해도 어떤 아이는 철판에 손을 데고 나서야 위험을 인지한다. 요즘에는 다행히도 손으로 만졌을 때 뜨겁지 않은 인덕션 제품이 시중에 많이 판매되고 있다. 이것은 아이들이 이제 뜨거운 것과 고통의 연관성을 다른 곳에서 배워야 한다는 의미이기도 하다.

이제부터는 당신이 부디 오로지 당신의 이익과 행복, 안녕만을 생각하기 바란다. 당신이 원하는 바를 분명하고 명확하게 표현하고 이뤄질 수 있기를 기대하고 행동하자. 자신을 돌보면서 불편하거나 무거운 마음을 가질 필요는 없다. 비록 주변 사람과 사회에서 다르게 이야기하더라도 나와 가장 가까운 사람이 나인 것은 명백한 사실이다. 스스로 자신의 가치를 알 때만 상대의 가치와 존재를 소중하게 생각할 수도 있다.

자존감은 금전적인 가치에도 반영될 수 있다. 이에 관해 들려줄 수 있는 짧은 이야기가 하나 있다. 큰 재정난에 시달리던 한 사업가가 있었다. 그는 빚밖에 가진 것이 없었음에도 기부를 하고 싶었다. 그는 미국에서 가장 큰 자선가 중 한 명을 찾아갔다.

대단한 재력을 지녔던 그 자선가는 돈이 매우 많아서, 수입의 80 퍼센트를 쓰고도 평생 지출할 수 있는 것보다 더 많은 자산을 가지고 있는 사람이었다. 사업가는 이 자선가가 자신의 상황에 대한 해결책을 조언해 줄 수 있으리라고 기대했다. 하지만 그가 들은 답변은 예상했던 것과 다른 내용이었다. 자선가는 다음과 같이 대답했다. "일의 우선순위를 정하세요. 가장 중요한 것은 세금을 내는 것입니다. 그렇지 않으면 감옥에 가게 될 겁니다. 그 뒤에는 가능한 한 빨리 당신이 가진 빚을 청산하기 위해 채권자에게 줄 수 있는 모든 것을 주십시오. 그러고 나서 어느 정도 저축을 하십시오. 여기까지 했다면 그다음에 당신이 가진 재산 중 일부를 기부하십시오."

이는 매우 합리적인 조언이다. 자선가가 말한 우선순위를 뒤바꾸면 큰 문제를 겪는 건 시간문제이다. 이야기 속의 사업가가 만약 떠안고 있는 빚을 무시하고 기부를 했다면 단기적으로는 도움이 필요한 사람들에게 약간의 재정적 지원을 했다는 생각에 기분이 좀 나아질지도 모른다. 하지만 장기적으로는 바로 이러한 행동 때문에 자신이 진 빚을 갚지 못하게 되면서 다른 사람에게 의존하는 사람이 될 것이다. 자신의 이익을 먼저 생각하면 장기적으로 도움이 필요한 사람을 포용할 수 있는 기반을 다질 수 있다.

실패에 대비하고 다음을 준비한다

우리는 실패에 대비해야 한다. 파일럿들은 항상 심각한 상황에 대처하는 법을 훈련한다. 어떤 파일럿도 살면서 엔진 결함이나 실속(기체가 양력을 잃어 비행을 유지하지 못하는 현상 - 옮긴이)을 실제로 경험하고 싶지는 않겠지만 만에 하나 생길 수 있는 긴급 상황에 제대로 대처하기 위해 이와 같은 상황을 항상 연습한다.

준비된 상태에서는 도전을 받아들일 수 있다. 이러한 도전은 저항하는 힘을 길러 당신을 더 강하게 한다. 장애물에 저항하다 보면 근육을 단련할 수 있을 뿐만 아니라 자신의 영혼을 성장시킬 수 있다.[15] 거꾸로 말하면 당신이 도전과는 거리가 먼 삶을 살며 안전이 보장된 행동만 한다면 성장할 수 있는 기회도 없다는 뜻이다. 도전 기회와 장애물은 당신을 좌절시키기 위해 있는 것들이 아니다. 오히려 당신을 좌절에 맞설 수 있게 도와준다. 자신에 대한 확신이 충분하다면 당신은 장애물을 기쁜 마음으로 받아들일 수 있게 된다.

아놀드 슈워제네거의 사례를 살펴보자. 다른 사람들은 보디빌딩 훈련 중에 찡그렸던 반면 그는 항상 미소를 지었다. 들어 올리는 무게를 더 높일수록, 근육이 긴장되면서 더 큰 고통이 따를수록, 더 큰 미소를 지었다. 동료들은 그에게 왜 그렇게 기분이 좋은 거냐고 물었다. "모든 고통과 모든 연습은 나를 나의 목표와 조금씩 가깝게 만들어 주기 때문이지!" 이것이 그의 대답이었다.

실패는 개인이 성장하는 과정의 자연스러운 일부이다. "패배라고 불리는 사건도 더 발전하고 더 똑똑해지기 위한 과정에서 중요한 역할을 한다. 마치 석탄을 압축해 다이아몬드로 만드는 과정처럼 문제와 실패로 인해 겪는 정신적인 압박은 우리를 더 가치 있게 만든다. 이런 과정을 거쳐 수많은 초석이 결국 위대한 것으로 탄생했다."[16] 여기서 두려움은 중요한 역할을 한다. 두려움이 고개를 드는 시점이 바로 당신이 실제로 안전지대에서 나와 발전을 위한 기회를 잡을 수 있는 순간이다.

부정적인 감정을 경계한다

이기주의자는 타인에게 굽히려는 마음이 들 때, 부정적인 감정에 굴복하려는 마음이 들 때에만 자신에게 저항한다. 두려움을 허용하거나 과한 자만심을 부리면 장기적으로 목표와 멀어질 수 있다. 그래서 외부의 강요와 압력뿐만 아니라 내면의 감정도 경계한다. 이기주의자는 병적인 자기중심주의를 가진 사람과는 반대로 성찰과 숙고에 매우 익숙하다. 자신을 되돌아보는 것이 목표를 달성하기 위해 꼭 필요하다는 사실을 알고 있기 때문이다.

이기주의자 중에는 간혹 나쁜 이도 있지만 대개는 좋은 사람들이다. 그런데 모든 이기주의자는 악한 것으로 묘사된다. 이는 모든 이슬람교도가 폭력적이거나 테러리스트라고 주장하는 것과 마찬가지이다. 물론 가끔 폭력적인 이슬람교도도 있겠지만 이 주장은 사실이 아니다. 일반화하여 모두를 의심하는 것은 누구에게도 도움되지 않는다.

꼼꼼히 따져서 생각해 보면 나쁜 사람은 이기주의자가 될 수 없다. 타인을 기만하고 속이고 이용하여 이익을 취하는 사람은 자신의 명성과 자존감을 해치는 사람이기 때문이다. 그러면 주변 사람이 모두 떠나게 될 테고 머지않아 결국 혼자 남게 될 것이다. 남에게 입힌 해가 부메랑처럼 돌아오는 건 시간문제일 뿐이다.

이기주의자는 절대 자기에게 해가 되는 선택을 하지 않는다. 스스로를 사랑하는 사람은 타인을 기만하거나 속일 필요가 없다. 확신이 없는 사람이 부당하고 불순한 수단에 기대는 것이다.

법의 테두리 안에서 타인을 이용한다

이 부분은 정말 조심스럽게 이야기해야 한다. 나는 당연히 나의 목표에 가까이 다가가기 위해 타인을 이용한다. 반대로 상대도 그들의 목표에 다다르기 위해 나를 이용한다. 인정하든 인정하지 않든 당신도 마찬가지이다. 직장에서 또는 사적인 관계에서 당신도 타인을 이용한다. 이것은 완벽하게 정상이다. 우리는 조건 없는 관계와 이타주의에 대한 낭만적인 믿음에서 벗어나야 한다. 이러한 믿음은 우리에게 괴로움과 고뇌만 가져다준다.

고용주는 사업에서 일정 결과물을 얻기 위해 직원들을 이용한다. 직원은 적절한 임금을 받기 위해 상사를 이용한다. 모든 것은 모두에게 합리적이라고 생각하는 범위 안에서 이루어져야 한다.

그 범위가 어디까지인지는 각자가 스스로 알아내야 하며 정해진 범위는 없다. 당신에게 가장 도움이 되는 정도의 범위를 규정하고 이를 장기적으로 지키는 것은 이기주의자로서 당신이 수행해야 할 과제이다. 지속적 관계와 철저한 준비가 전제되어야 높이 세운 목표를 이룰 수 있다. 다른 방식으로는 성과를 얻지 못한다.

만약 고용주가 직원을 과도하게 착취하면 직원은 더 이상 그를 위해 일하려고 하지 않을 것이다. 그러면 고용주는 사업 목표에 도달하지 못하거나, 새로운 직원을 고용해야 한다. 새로운 직원을 뽑는다면 원래의 능력 있는 직원이 일할 때보다 훨씬 천천히 목표에 도달하게 될 것이다. 고용주가 직원에게 임금을 적게 지급하면 단기적으로는 비용을 아낄 수 있겠지만 장기적으로는 사업체가 무너지는 원인이 될 수도 있다. 직원에게 돈을 쏟아부으라는 이야기가 아니다. 적정 수준을 찾는 것이 가장 중요하다.

마찬가지로 직원 중에 만약 게으름을 피우는데 지나친 이익을 바라는 사람이 있다면 그는 머지않아 자리에서 물러나야 할 것이다. 이런 행동은 자기에게 해만 입힌다. 항상 명심해야 할 것은 단기적인 목표와 장기적인 목표를 구분하는 것이다. 당장 끌리는 대로 행동했다가는 실직자가 될 수도 있다. 고용주도 마찬가지이다. 직원들에게 과도한 일을 맡기면 단기적으로는 좋은 성과를 얻을지 모르나, 장기적으로는 직원들이 지쳐서 더는 일할 수 없게 될 것이다.

절대 중독에 빠지지 않는다

이기주의자는 자유롭고 자율적인 삶을 원하기에 절대 어떤 대상에 중독되지 않는다. 중독자는 항상 무엇인가가 필요한 사람이다. 비이성적으로 행동하며 중독을 통해 절대 행복해질 수 없다. 반면 이기주의자는 언제나 자기의 주인이며 어디에도 의존하지 않고 중독에 굴복하지 않는다. 통제할 수 없이 무엇인가를 원하는 상태가 되느니 차라리 그것을 아예 거부한다. 그 대상은 돈이 될 수도 있고 다른 사람에게 받는 인정이 될 수도 있다.

이기주의자는 의지에 따라 행동한다. 타인의 인정을 원한다는 것은 스스로 충족감을 느끼지 못하고 행복을 느끼기 위해 무언가가 추가로 필요한 상태라는 의미이다. 하지만 이기주의자는 진정한 행복을 느끼기 위해 다른 게 필요하지 않다.

사회는 우리가 무언가에 의존하거나 종속되도록 부추긴다. 쉽게 접할 수 있는 텔레비전 광고만 보아도 그렇다. 광고 대상은 음식에 대한 욕망이 될 수도 있고 권력이나 사회적 위치에 대한 욕망일 수도 있다. 이기주의자는 이런 요소에서 자유롭고 허영심과 무가치한 대상에 절대 굴복하지 않는다. 이기주의자는 중독을 일으키는 것들에 거리를 두며 오직 자신의 생각에 따라 행동한다.

그렇다고 해서 이기주의자가 좋은 음식을 즐기지 못한다는 의미는 아니다. 오히려, 좋은 음식이 앞에 있을 때 온전히 음미하고 즐길 줄 안다. 그 음식에 지나치게 매달리지 않을 뿐이다. 이기주의자는 주변의 박수갈채나 야유에 휘둘리지 않고 자신이 직접 어떤 욕망을 언제, 그리고 어느 정도로 충족시킬지 결정한다. 자신이 옳다고 판단한 대로 행동하고 만약 선택이 틀렸다는 사실을 깨달으면 즉시 다른 길을 찾는다.

유행을 좇지 않는다

주변에서 직접적이든 간접적이든 유행을 따라가야 한다고 당신을 끊임없이 설득하려 들 것이다. 이런 현상이 가장 심한 분야는 패션이다. 나는 개인적으로 항상 같은 옷을 입는다는 소리를 자주 들었고 심지어 옷에 대해 공개적으로 비판을 받은 적도 있다. 상의에도 변화를 주고 다른 바지도 입어 봄으로써 나의 다른 면도 좀 드러내고 시각적으로 변화를 줄 필요가 있다는 이야기를 참 많이 들었다. 공인이라면 그렇게 해야 한다는 것이다. 하지만 나는 누군가가 지시한 대로 옷을 입을 생각이 전혀 없다.

개인적으로는 수년 전부터 항상 같은 옷을 입는 것이 굉장히 좋았다. 마크 저커버그, 스티브 잡스, 카를 라거펠트와 같은 사람들이 이미 시범을 보였다. 이들은 모두 한 가지 스타일을 고집했다. 그들은 그렇게 함으로써 좋은 기분과 편안함을 느꼈을 것이다. 이것은 일종의 규율이다. 이들은 자신에게 무엇이 좋은지 알아냈고 그것을 쭉 고수했다.

아침에 눈을 뜨자마자 무엇을 입어야 할지 안다는 것은 무척 효율적이다. 나는 베이지색 바지에 푸른색 상의, 그 위에 남색 재킷을 즐겨 입는다. 이 조합이 절대 질리지 않는다. 10년 넘도록 이 스타일을 고수하고 있다. 다르게 입어야 할 합리적인 이유가 하나도 없었다. 매일 거울 속의 나를 들여다볼 때마다 좋아보인다고 생각한다. 나는 내 옷차림을 통해 나 이외에 누군가를 행복하게 만들어 줄 생각이 없다. 많은 사람을 관찰해 보면 사회의 일반적인 의견에 따라 옷을 입는다는 사실을 알 수 있다. 그들은 자신이 입을 옷을 유행이 결정하도록 둔다. 이는 마치 유니폼을 입는 것과 마찬가지이다. 착한 시민을 위한 유니폼 말이다.

여기서 중요한 점은 자신의 확신과 의견을 따르는 것이다. 그렇지 않고 그저 다른 사람과 다르게 행동하는 것에만 초점을 둔다면 그 또한 진정성 없는 자세다. 이는 전혀 이기적이라고 할 수 없다. 오히려 간접적으로 또다시 어떤 관습에 굴복하는 행동이다.

자신을 의심해 본다

내면의 목소리는 배운 것과 경험한 것을 바탕으로 구성되므로 항상 옳은 것만은 아니다. 그중 일부는 스스로 생각해 낸 것이겠지만 일부는 주변 사람이나 미디어의 영향으로 생긴 것이다. 외부 영향을 받은 내면의 목소리는 진짜 내 생각이 아닐 수도 있다. 그렇기에 이기주의자는 자신의 내면에서 들려오는 목소리까지도 의심한다.

오쇼는 이 사실을 명확하게 지적한 바 있다. "당신의 생각은 왜 다른 것과 섞일 수밖에 없는가? 사회의 영향을 받아 생겨나기 때문이다. 한 사람의 생각은 그 사람이 속한 사회를 대변한다. 그렇기에 개인을 위해 존재하지도 개인에게 딱 맞지도 않는다. 이 사실을 잊어서는 안 된다. 그것은 당신을 상대로 한 모반이다. 사회는 당신의 생각을 길들이고 당신의 머릿속에 많은 것들을 집어넣었다. 그것은 당신의 사고이지만 더는 당신을 위해 봉사하지 않는다. 오직 사회의 종이 되어 기능한다."[17]

사회학자 조지 허버트 미드의 자아 형성 이론은 위의 과정이 어떻게 진행되는지를 과학적으로 뒷받침하고 있다. 미드는 인격이 여러 개의 구성 요소로 이루어져 있다는 전제에서 출발한다 [개인적 자아(I), 사회적 자아(Me), 자아(Self)]. 우리는 개인적 자아가 결정을 내린다고 착각하지만 실은 그렇지 않다. 사회적 자아도 자신의 의견을 제시하려고 한다. 이는 다른 사람이 우리에게 기대하는 이미지를 내포하고 있다. 이 의견은 개인이 즉흥적인 자극과 충동을 구조화할 때 거치는 평가 단계이다. 즉, 우리는 교육과 전통, 사회의 일부를 담고 있는 셈이다. 진정한 나와 외부의 영향을 반영하는 나 사이에는 끊임없는 소통이 일어나고 그 결과 다음과 같은 의문이 생긴다.

○ 부모님과 친구들은 어떻게 생각할까?
○ 사회의 관습이나 예절에 어긋나지는 않을까?
○ 이웃들은 어떻게 생각할까?
○ 이것은 적절한 행동일까?

중요한 건 이 과정이 의식적으로 일어나는 경우는 거의 없다는 사실이다. 이런 대립과 충돌은 수십 년간 이루어진 교화의 결과로 무의식적으로 일어나게 된다. 이 과정에서 자아가 완성된다. 이때 사회적 자아가 더 많은 권한을 지니게 될수록, 무언가에 더 종속되고 타인에게 인정받고 싶은 마음이 강해지며 많은 자유를 포기하게 된다. 사회의 요구에 부합했다는 단기적인 행복감과 장기적인 불만족스러움을 맞바꾸게 된다.

오늘이 마지막 날인 것처럼 행동한다

행복을 느끼는 것이 당신의 가장 중요한 목표가 되어야 한다. 매일 행복을 느낄 수 있다면 더 좋다. 이를 위해 더 자주 죽음에 대해 생각하자. 만약 의사가 당신에게 내일 아침 다시 일어나지 못할 것이라고 말한다면 어떨까? 그 말을 듣는 순간 기분이 행복할까? 계획했던 바를 모두 이루어 만족스럽고 충만한 삶을 살았다는 생각이 들까?

브로니 웨어의 저서 『내가 원하는 삶을 살았더라면』은 저자가 8년간 호스피스 병동의 간호사로 일하면서 얻은 통찰이 담겨 있다. 웨어는 그곳에서 일하며 생을 마감하는 사람들의 곁에 있어 주었고 그들이 자신의 삶에 대해 이야기하는 것을 들었다. 그들

과의 대화에서 반복적으로 들을 수 있었던 내용은 다음의 다섯
가지이다.

- 원하는 삶을 살아갈 용기가 있었다면 좋았을 텐데
- 덜 일했더라면 좋았을 텐데
- 감정을 표현할 용기가 있었더라면 좋았을 텐데
- 친구들과 계속 연락하고 지냈다면 좋았을 텐데
- 나에게 더 많은 행복을 허락했다면 좋았을 텐데

누군가는 이 상황이 매우 극단적이라고 이의를 제기할지도 모른다. 하지만 극단적인 상황에 놓였을 때야말로 스스로를 돌아보는 능력이 생긴다. 삶의 마지막 순간보다 자신에게 솔직할 수 있는 순간은 없다.

위에서 언급한 다섯 가지 내용에는 그들의 소망이 분명하게 드러난다. 모든 사람은 더 이기적으로 행동해야 했다고 이야기하고 있다. 자신이 원하는 삶을 사는 것은 자신만이 실행으로 옮길 수 있다. 이상적인 삶의 모습이 사람마다 다르기 때문이다. 덜 일했으면 좋았을 것이라는 소망은 다양한 뜻으로 해석할 수 있다. 예를 들면 하던 일이 무의미하다고 느꼈졌거나 일 때문에 개인의 삶을 너무 많이 희생해서 후회가 들었을 것이다. 어느 쪽이든 원하는 바가 이루어지지 않았기 때문에 후회했을 거라고 생각한다. 그렇지 않았다면 일했던 시간을 후회했을 리 없다.

자신의 감정을 표현하는 걸 부끄러워했다면 강해 보이려고 감정을 드러내지 않는 사회적인 관습을 내면화한 것이다. 이기주의자는 다른 사람과 친밀하게 지내며 결속하기도 한다. 이는 보상을 바라서가 아니라 관계에서 오는 충만함을 느끼기 위해서다. 친구들과 연락을 유지해야 했다는 소망은 이와 같은 맥락과 관련이 있다. 정말 흥미로운 것은 다섯 번째 통찰이다. 사람들은 스스로가 행복을 허락하지 않아서 행복할 수 없었다는 사실을 인지한다. 이것은 참으로 아이러니하면서도 슬픈 일이다. 우리는 자신의 행복을 위해 노력해야 할 책임이 있다. 다른 누구도 아닌 우리가 지켜야 할 의무이다.

나는 이른 죽음을 두려워하지 않는다. 내게 왔던 모든 기회를 잡아 활용했고 행복한 삶을 살고 있기 때문이다. 매일 가능한 한 모든 것들을 쟁취하고 모든 능력을 발휘하려고 노력한다. 대부분의 사람은 인생의 끝에서 많은 것을 하지 못했다며 후회한다. 이는 비단 평범한 삶을 살았던 사람에게만 해당하는 이야기가 아니다. 큰 성공을 거둔 유명 인사들도 같은 상황을 겪는다.

배우 스카이 뒤몽과 나이 듦에 관한 대화를 나눴을 때 그는 내게 이렇게 말했다. "언젠가는 스스로에게 이렇게 말하는 날이 옵니다. '살면서 정말 원하지 않았던 일, 만나고 싶지 않은 사람, 직업 때문에 어쩔 수 없이 갔던 축제와 행사에 많은 시간을 쏟았구나. 사실은 그곳에 전혀 가고 싶지 않았고 그 사람들과 내 저녁 시간을 보내고 싶지 않았는데.' 사람들은 살면서 하고 싶지 않은 일을 정말 많이 하게 됩니다. 그러다 보면 언젠가는 이렇게 말하는 순간이 오죠. 아니야, 이건 나한테 필요 없어."18

실제로 원했던 것을 하지 않았던 이유는 타인의 평가가 두려워서이다. 내 인생의 큰 권한을 어떻게 타인에게 넘길 수가 있는가? 모두의 마음에 들고자 하는 사람은 자신에게 가장 큰 벌을 주고 있는 셈이다.

비난을 두려워하지 않는다

우리가 내리는 결정의 기반이 되는 것은 우리의 가치 규범이다. 이기주의자라면 자신과 외부의 의견이 혼재된 가치 규범의 엉킨 실타래를 조금씩 풀어 나가야 한다. 처음에는 엄청난 저항에 부딪히게 되므로 이를 이겨낼 힘이 필요하다. 우선 주변에서는 당신이 관습을 따르던 모습에 익숙해져 있다는 사실을 기억해야 한다. 당신의 태도가 변하면서 주변에서 받는 시선이나 반응이 달라졌더라도 의연해져야 한다.

사람들은 자신만의 길을 가는 이를 보면 남몰래 경탄한다. 하지만 이것을 인정해 버리면 자신의 행동이 잘못되었다는 사실을 시인하는 것이라 드러내 놓고 인정하지는 않는다. 이런 반응에 휘말려 좌절과 분노를 느끼는 건 어리석은 짓이다! 사람들은 누구나 자신에 대한 책임을 져야 한다. 타인의 감정은 당신이 신경 써야 할 영역이 아니다. 당신이 어떤 행동이나 발언을 할 때마다 다른 사람들은 수많은 반응을 할 테고 이 반응은 당신이 어쩌지 못한다.

　나는 사람들이 내 세계관을 이해하지 못하는 상황을 지속적으로 마주한다. 아마도 그들이 믿고 있는 모든 것과 나의 세계관이 충돌하기 때문일 것이다. 한번은 이런 일이 있었다. 내 일상은 리얼리티 쇼처럼 촬영되어 「바크하우스 데일리」라는 유튜브 채널에 업로드된다. 촬영이 진행되는 동안 항상 카메라가 따라붙고 옷깃에는 목소리를 녹음할 수 있는 마이크를 부착한다. 촬영 담당자와 멀리 떨어진 곳에서도 내가 하는 대화가 모두 녹음 된다.

　어느 날 우리 회사 직원 두 명과 대화하는 도중에 전날 당했던 일을 말했다. 기차역에서 만난 알코올 중독자처럼 보이는 아주 더러운 노숙자가 나를 잡아당기면서 돈을 달라고 요구했던 일이었다. 나는 그 상황이 아주 불쾌했다고 말했고 그 뻔뻔한 노숙자를 비난했다. 나는 평소에도 누군가가 나를 만지는 것을 극도로 싫어한다. 하물며 그 누군가의 손이 더럽다면 더 말할 것도 없지 않은가. 나는 박테리아와 얼룩을 절대 허락하지 않는다. 아주 미세한 먼지도 나에게 묻히기 싫어서 문의 손잡이도 만지지 않는다. 그것이 나의 인생관이며 인생관을 바꿀 생각은 없다. 내 기준에 어긋나는 것을 받아들일 필요는 없다. 자신의 의지에 반하는 모든 일은 일종의 자기 학대이다. 그래서 그러한 일이 발생하는 그 순간에 즉시 저지시킨다. 누구나 그렇게 해야 한다.

흥미로웠던 것은 그 이후의 일이다. 그날의 일정을 마무리한 뒤 영상 편집을 하던 담당 피디는 내게 그 대화 부분이 같이 업로드돼도 괜찮냐고 물었다. 전혀 상관 없었다. 그 발언은 내 삶이 반영된 온전한 나의 의견이었다. 그런데 영상이 공개되자 엄청난 소용돌이에 휘말렸다. 사람들은 분개했다. 그들은 내 발언을 욕하면서 나의 인간성을 의심했다. 하지만 나는 개의치 않았다. 오히려 그 상황을 매우 즐겼다. 여론 몰이를 통해 모든 대중이 박자에 맞춰 울어대는 상황이 벌어진 것이다. 누군가 사회적 합의에 어긋나는 의견을 제시했고 그 의견에 대한 테러가 일어났다. 사람들은 무리에서 벗어나 춤추는 자를 싫어한다. 자신들의 세계관이 흔들리기 때문이다.

이 일을 계기로 단순히 비난만 쏟아진 것이 아니라, 나의 사업 관계도 틀어졌다. 상대는 내가 공개적으로 사과하지 않으면 협력 관계를 끊겠다고 말했다. 나는 거짓말을 할 생각이 없다고 설명했다. 내가 했던 모든 말은 실제로 나의 의견이었다. 그래서 그 말을 주워 담기란 불가능했다. 상대와의 관계가 끝나더라도 상관없었다. 나는 자유와 솔직함에 대한 대가를 치를 준비가 되어 있었다.

내 문제를 해결하고 세상에 기여한다

1955년에 시애틀에서 태어난 빌 게이츠를 모르는 사람은 없을 것이다. 스무 살 때부터 그는 마이크로소프트 창립에 완전히 몰두했다. 당신은 살면서 적어도 한 번은 빌 게이츠가 세운 회사의 제품을 사용했을 것이다. 아마도 매일같이 사용하고 있을 확률이 매우 높다.

이러한 시장 지배력은 경쟁사를 상대로 한 그의 자비 없는 태도 덕분이었다. 많은 이가 빌 게이츠를 다양한 소프트웨어 프로그램을 만들어 낸 위대한 발명가가 아니라, 아이디어를 베끼고 면밀한 마케팅 작전을 펼쳤던 사람으로 기억한다. 이 전략은 마이크로소프트에 매우 다양한 영역을 독점할 수 있는 상황을 만들어 주었고 게이츠는 이를 활용할 줄 아는 사람이었다. 마이크로소프트는 1992년부터 이미 소프트웨어 분야에서 공격적인 스타일을 고수했다. 게이츠는 자신의 회사와 협력하지 않는 경쟁사의 상품을 사용할 때, 마이크로소프트의 프로그램이 잘 작동하지 않거나 아예 막히도록 설정했다. 1990년대 중반부터 큰 규모의 소프트웨어 거래를 하려는 사람은 윈도에 맞춰야만 했다.

미국의 법원은 1998년부터 마이크로소프트의 이러한 책략에 주목하기 시작했고 기업을 상대로 소송을 진행하기도 했다. 심지어 경쟁사에 기회를 주기 위해 마이크로소프트의 문을 닫게 해야 한다는 의견도 제기되었다. 하지만 결국 그렇게까지 되지는 않았다. 빌 게이츠는 도덕군자가 아니었고 그의 계략은 세상에 점점 더 알려졌다. 당시 게이츠의 가장 큰 경쟁자였던 오라클의 회장 래리 엘리슨은 이 상황을 이렇게 표현했다. "빌 게이츠는 계획적으로 훔칠 수 있는 좋은 아이디어를 찾아 나서는 사람이다. 이를 통해 그는 큰 성공을 거둘 수 있었고 나중에는 훔친 아이디어를 자신의 것이라고 믿었다."[19]

게이츠는 2000년까지 회사를 이끈 뒤 최고경영자 자리를 스티브 발머에게 넘겼다. 이후 그는 이사회 의장직을 지냄으로써 미디어의 저격 대상에서 벗어났다. 자신이 세운 회사의 경영직에서 물러난 지금 그의 자산은 거의 140조 원에 달하는 것으로 추정된다. 빌 게이츠는 아마존의 창립자 제프 베조스 다음으로 세상에서 가장 큰 재력을 가진 사람으로 꼽힌다. 인터넷에는 매 초 늘어나는 그의 자산을 보여 주는 실시간 계측기가 있을 정도이다.[20]

계측기에 따르면 빌 게이츠는 1초당 이자로 10만 7800원을 번다. 이는 시간당 3억 8808만 원에 달하는 금액이다. 사실상 사람이 지출할 수 있는 것보다 더 많은 금액을 매 순간 벌어들이고 있는 셈이다. 일반인에게 이러한 수치는 상상하기조차 힘든 금액이다. 게이츠가 이렇게 돈을 벌 수 있었던 것은 자본주의 사회에서 무자비한 그의 시장 지배력을 가차 없이 활용한 덕분이다.

마이크로소프트의 경영에서 물러난 뒤 그는 새로운 목표를 세웠다. 게이츠는 한 기사에서 빈곤 국가에 사는 수십만 명의 사람이 백신으로 예방할 수 있는 질병 때문에 여전히 목숨을 잃는다는 사실을 읽었다. 그는 부인 멜린다와 이 말할 수 없이 부당한 현실에 대해 그리고 누구도 이 현실에 충분히 대처하지 않는다는 사실에 관해 이야기를 나누었다. 이후 그들은 함께 빌앤멜린다게이츠재단을 설립하고 그들의 사유 재산으로 기금을 마련하기로 했다. 그들은 현재까지 56조 원을 기부했으며 재단을 통해 70조 원 이상의 기금을 마련했다. 게이츠는 살아 있는 동안 자신의 전 재산 대부분을 기부하려고 한다.

빌앤멜린다게이츠재단은 세상에서 가장 큰 규모의 재단이다. 넷플릭스의 다큐멘터리 「인사이드 빌게이츠」에서 그는 재단이 어떤 목적을 추구하냐는 질문을 받자, 그다운 답변을 내놓았다. "최적화죠."

그는 폐단을 발견했고 이를 최적화하고자 한다. 빈민가에 사는 사람들은 하수도 시설이 부족해 감염으로 목숨을 잃는다. 그래서 게이츠는 그곳에 위생 시설을 제공하고자 해결 방안을 모색한다. 그곳의 아이들은 폴리오 바이러스에 감염되어 소아마비에 걸린다. 모든 공업 국가에서는 이미 근절된 질병이다. 그래서 게이츠는 수백만 명을 상대로 예방 접종을 시행한다.

그렇게 보이지 않겠지만 빌 게이츠는 이기주의자의 완벽한 사례이다. 그가 모든 것을 내어줄 만큼 충분히 많이 가진 이기주의자이기 때문이다. 그는 이미 자신이 가지고 있던 문제를 해결한 덕분에 다른 사람의 문제를 해결할 수 있는 상황이 되었다. 그는 돈에 종속된 사람도 돈에 중독된 사람도 아니다. 그는 돈에 대한 미련이 없으며 선을 행할 수 있는 사람이다. 그러면서도 관련된 문제를 신중하게 다루며 순진하거나 어리석게 행동하지 않는다. 그의 문 앞에 서 있는 모두가 지원을 받는 것은 아니다. 그는 아내와 함께 목표를 정하고 그에 맞는 계획을 세웠으며 목표를 이룰 수 있도록 집중하고 자신이 세운 규율대로 행동한다.

3장

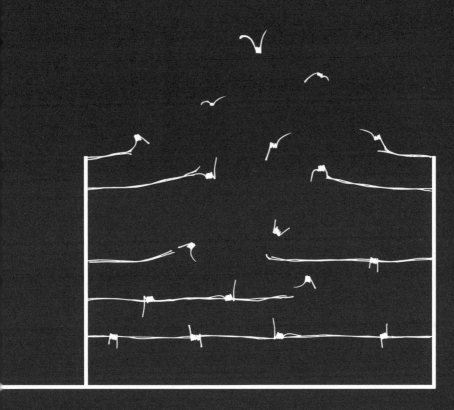

성공을 이끄는 이기적 습관

이기주의자는 자신이 원하는 것이 있을 때 친절하고 올곧은 태도로
상대에게 부탁한다. 자신을 존중하는 만큼 다른 사람도 존중하기 때문이다.

누구나 자신만의 방식으로 성공하고 싶어 한다. 이기주의자도 예외는 아니다. 이기주의자는 본인이 무엇을 해야 하는지 매우 정확하게 알고 있고 성공을 위해 대가를 치러야 한다는 사실도 잘 알고 있다. 그 대가는 매우 크며 성공하기 전에 미리 치러야 하는 경우가 대부분이다. 얻으려는 성과가 크면 클수록 치러야 하는 대가도 큰 법이다. 이기주의자는 공짜는 없다는 사실을 잘 알고 있으며 성공하기 위해 포기할 준비가 되어 있다. 그들이 포기해야 할 대상은 돈일 수도 있지만 시간이나 연애 관계, 건강이 될 수도 있다.

성공을 위한 대가를 이른 나이에 치러야 한다는 사실은 독일 출신의 팝 록 밴드 도쿄 호텔의 사례를 통해 잘 드러난다. 카우리츠라는 성을 가진 두 형제는 어린 시절부터 음악에 완전히 매료되었다. 머지않아 그들은 자신들의 첫 밴드인 블랙 퀘스천마

크를 결성하여 작은 축제를 돌아다니며 활동했다. 작곡은 물론, 매우 세세한 것까지 놓치지 않으려는 이들의 성향은 그때부터 눈에 띄었고 그들의 외모는 당시에 매우 충격적이었다. 지금까지도 분명 그들의 화장법과 머리 모양을 기억하는 사람들이 있을 것이다.

이 밴드는 다른 무엇보다도 자유를 사랑했다. 그들의 자유에 대한 사랑은 음반사 소니 BMG와 갈등을 일으킨 원인이 되었다. 결국 소니 BMG는 이 밴드와의 계약을 취소했다. 이들은 유니버셜 뮤직에 새 둥지를 틀고 도쿄 호텔이라는 새 이름으로 활동하기 시작했다. 그다음부터 수많은 앨범이 플래티넘, 더블 플래티넘, 트리플 골드를 달성하며 성공 가도를 걷기 시작했다. 밤비상, 에코상, 월드 뮤직 어워드상 등의 수상도 잇따랐다. 이 밴드는 1000만 장이 넘는 앨범을 판매했고 투어를 통해 전 세계를 돌며 엄청난 부를 축적했다.

그들이 일차적으로 원했던 것은 돈이 아니라 열정을 쏟아붓는 것이었다. 카우리츠 형제는 음악을 사랑했다. 그들은 자신들의 노래를 지하실에서만 연주하고 싶지 않았다. 다른 이들과 함께 즐기고 싶었다. 도쿄 호텔이 큰 성공을 거두면서, 세계적인 무대에도 서보고 음악 종사자라면 누구나 이들의 얼굴을 알게 되었다. 이 업계에서는 유명세를 타면 보통 사생활이 희생되곤 한다. 머지않아 두 형제는 집 주위를 둘러싼 팬들과 언론 때문에 집 밖에 나갈 수 없게 되었다. 그들의 추종자들은 심지어 집 앞마당까지 들어와 텐트를 치기도 했다.

콘서트 때문에 집에 들어오지 않는 날이면 팬들은 집에 침입하여 그들의 속옷까지 뒤졌다. 당시에 나이가 어렸음에도 빌과 톰 카우리츠는 이성적인 태도를 유지했지만 결국 로스앤젤레스로 이사를 가기로 했다. 그곳 사람들도 도쿄 호텔을 알기는 했지만 그들을 대하는 태도가 독일에서만큼 극단적이지는 않았다. 그들은 상업성을 떠나 다시 진짜 음악을 하고 싶었고 자신들의 뜻의 따라 충만한 삶을 살고 싶었다.

두 사람을 베를린에서 만났을 때 젊은 나이에 거머쥔 큰 부가 이들에게 어떤 영향을 끼쳤는지 물었다. 빌은 그 물음에 대해 다음과 같이 답했다. "저는 돈이 항상 자유를 줄 수 있다는 점이 좋습니다. 우리는 어렸을 때부터 누군가에게 종속되거나 의존하고 싶지 않았습니다. 항상 권위에 따르지 않아 문제를 겪었죠. 우리는 모든 것을 직접 결정하기 위해 싸웠습니다. 회사들은 우리를 항상 싫어했습니다. 까다롭게 구는 밴드였으니까요. 하지만 우리가 거둔 성공 덕분에 모든 것을 직접 결정할 수 있었습니다."[21]

빌과 톰의 이야기는 항상 주도권을 쥐고 있는 것이 어떤 의미인지 잘 보여 주는 사례이다. 그들에게는 창의성을 발휘하고 행복해지는 게 슈퍼스타로 누릴 수 있는 피상적인 특권보다 더 중요했다. 모든 것은 때가 있고 각자 어울리는 자리가 있다. 적당한 때와, 알맞은 자리를 알아보려면 당신은 언제 어디에서나 그 상황의 주인이어야 한다. 스스로에게 목표를 이루기 위해 희생할 준비가 되어 있는지, 목표가 그만한 가치가 있는 일인지 물어보아야 한다.

모든 사람은 인생에서 자신의 목표를 이루고 싶어 한다. 목표를 이루기 위해서는 다양한 요소와 단계가 필요하다. 누구나 자신의 계획을 좇으며 목표를 이루기 위해 자신에게 유리한 방향으로 움직여야 한다는 사실을 인정해야 한다. 우리는 이를 악의가 있는 것으로 바라볼 것이 아니라 높이 평가해야 한다. 누구나 무엇인가에 영향을 미치려고 한다.

자연은 언제나 균형을 이루고자 한다. 우리도 자연의 일부이기 때문에 우리 또한 다른 도리가 없다. 받을 줄 모르고 주기만 하는 사람은 균형을 잃게 될 것이며 보통은 소진되고 말 것이다. 보험 가입자 1000명 중 5.5명에게는 이러한 일이 이미 일어났다. 제약업계는 한 해에 독일에서만 항우울제로 1조 500억 원의 매출을 올린다. 회사에서 심리적인 원인으로 병가를 낸 비율은 15퍼센트가 넘는다.[22]

이 수치는 우리에게 생각할 거리를 남긴다. 얼마나 많은 직장인이 정신이상자로 낙인찍히지 않으려고 심리적인 질병을 안고 억지로 일터로 나가 고통받고 있을까? 통계에 반영되지 않은 경우는 최소 두 배 이상일 것이다. 게다가 심리적인 질병으로 일할 수 없음에도 본인이 아픈지조차 모르는 사람도 있을 것이다.

이기주의가 자존감에 미치는 영향
●

이기주의자는 타인의 의견에 영향을 받지 않는다. 인류의 역사에는 위대한 업적을 달성하고 세상을 완전히 바꾸어 놓은 수많은 사람이 있다. 비행기를 발명한 라이트 형제, 전구를 발명한 토머스 에디슨, 아이폰을 탄생시킨 스티브 잡스. 이들은 모두 처음에는 다른 사람에게서 비웃음을 샀던 인물들이다. 모두 사회에서 소외된 적이 있었고 괴짜 취급을 받았다. 사람들은 그들을 웃음거리로 삼고 그들의 자존심에 상처를 입혔다.

애플의 창립자인 스티브 잡스는 심지어 자신이 세운 회사에서 쫓겨나기도 했다. 이사회는 그가 이성을 잃었다고 생각했고 신임을 잃었다는 이유로 그를 퇴출했다. 창업자가 수천 시간 동안 공들이고 보살피고 성장시킨 자신의 아이같은 회사에서 쫓겨나는 일보다 최악인 일은 없을 것이다. 스티브 잡스가 그 일을 당했을 때 모든 것을 포기해 버렸어도 이상할 것이 없는 상황이었다. 하지만 그는 자신이 옳은 길을 가고 있다는 사실을 알고 있었고 그래서 주변의 비관적인 목소리에 귀 기울이지 않았다.

이기주의자는 타인의 의견에서 자유롭다. 타인의 판단에 기대

자아상과 자존감을 결정하지 않는 놀라운 능력을 가지고 있다. 그들의 가치는 오직 그들 안에서 나오며 이를 통해 자존감이 높고 강한 인격을 형성할 수 있다. 당신 또한 다른 사람의 억압에서 벗어나야 한다. 외부가 아닌 내부에서 자존감을 끌어내야 한다. 당신이 무슨 생각을 하고 어떤 감정을 느끼며 내면에 무엇이 담겨 있는지 다른 사람이 어떻게 이해하겠는가? 당신의 배우자도 친구도 심지어 부모도 완전히 이해하지 못한다. 오로지 당신만이 알 수 있다.

우리는 자주 타인이 우리의 입장에서 생각할 수 있으리라는 착각에 빠진다. 보통은 부모님이나 배우자에게 이런 것들을 기대하기 마련이다. 하지만 이는 잘못된 기대이다. 본인만큼 자신의 생각과 감정에 관심을 기울이는 사람은 없다. 당신만이 당신의 가장 어두운 비밀을 알고 있다.

한 통계는 커플이 서로 많은 비밀을 숨기고 있다는 사실을 뒷받침한다. 성적인 주제에 관해 특히 그렇다. 2015년에 진행한 한 설문조사에 따르면 약 32퍼센트의 남성은 야한 영화를 본다는 사실을 애인에게 숨긴다고 한다. 반면 같은 사실을 숨기는 여성은 7퍼센트에 불과했다. 연인 관계에서 느끼는 회의감에 대한 조사에서는 두 성별이 비슷한 결과를 나타냈다. 남녀 모두 약 14퍼센트 정도가 관계의 영원성에 대한 의심을 상대에게 숨긴다고 답했다.[23]

가족을 포함한 그 누구도 당신의 진정한 모습을 알지 못한다는 사실은 많은 근거를 통해 확인할 수 있다. 자신에게 무엇이 좋고 나쁜지는 당신만이 알 수 있다. 그리고 이기주의자는 자신의 결정에 기꺼이 책임질 줄 안다. 결정에 따르는 희생이나 대가도 여기에 포함된다. 당신 외에는 누구도 당신의 머릿속에 어떤 일이 벌어지고 있는지 왜 그렇게 결정을 내렸는지 이해할 수 없다. 다른 사람이 납득할 수 있도록 설명하는 것 역시 너무도 어려운 일이다. 그러니 의심하지 말고 당신의 자존감을 결정하는 것은 오로지 자신뿐이라는 사실을 받아들이자.

모든 한계를 뛰어넘은 스티븐 호킹
●

1963년 당시 19세였던 영국의 한 과학자는 심각한 병에 걸렸다는 진단을 받는다. 그의 병은 신경계 퇴행성 질환이었다. 의사들은 그가 수년에 걸쳐 운동 능력을 상실하게 될 것이며 앞으로 몇 년밖에 살지 못할 거라고 했다. 그래서 그에게 과학 프로젝트에 매달리지 말고 고통스러운 죽음까지 얼마 남지 않은 시간을 다른 방식으로 즐기면서 준비하라고 조언했다. 하지만 이 젊은 과학자는 자신이 매달리던 필생의 과업을 접지 않았다. 그는 자신의 길을 가겠다고 굳건히 마음먹었으며 질병이 앞길을 가로막더라도 이를 극복해 내겠다고 다짐했다.

이 이야기의 주인공인 스티븐 호킹은 76세까지 살았다. 그리고 대부분의 건강한 사람들이 일반적으로 경험할 수 있는 것보다 많은 것을 경험했다. 그는 유수의 대학에서 학생들을 가르쳤으며 할리우드 영화에도 출연했다. 그의 저서는 베스트셀러 반열에 올랐으며 NASA에서 무중력 상태를 체험하기도 했다. 의사들의 말이 맞았다면 그는 진작에 세상을 떠났어야 했다. 하지만 그는 의사들의 조언을 신경 쓰지 않았다. 그의 인생 역정은 다른 사람이 우리의 삶의 한계를 규정짓게 두어서는 안 되며 스스로 길을 찾아야만 한다는 사실을 증명한다. 이를 위해 치러야 할 대가는 선택의 결과에 대해 책임을 지는 것이다.

알아둬야 할 건 계획하는 것이 무엇이든 그것이 불가능하다고 말하는 사람은 항상 있을 거라는 사실이다. 하지만 스티븐 호킹이 그랬던 것처럼 그들의 말은 무시해도 좋다.

산만한 아이가 세계적인 안무가가 되기까지
●

스티븐 호킹만큼 유명 인사는 아니지만 질리언 린의 이야기 역시 같은 맥락에서 흥미롭다. 어쩌면 당신은 그녀의 이름을 처음 들어 볼지도 모른다. 하지만 우리는 그녀의 인생 이야기에 주목할 필요가 있다. 질리언 린은 1930년대에 어린 시절을 보냈다. 그런데 그녀는 학교에서 심각한 문제를 겪었다. 린은 가만히 앉아 있거나 수업 내용에 집중할 수 있는 아이가 아니었다. 당연히 성적도 굉장히 낮았다. 그녀의 어머니는 딸이 너무 걱정돼서 아이를 진정시킬 수 있는 약을 처방받기 위해 심리 상담 센터를 찾아갔다. 하지만 그 상담사는 아이가 산만할 수밖에 없는 진짜 이유를 알고 있었다. 그는 린의 어머니에게 딸이 환자가 아니라 무용수라고 설명해 주었다. 린은 학습 내용을 내면화하기 위해 춤을 춰야 하는 사람이었다. 상담사는 린을 무용 학교에 보내라고 조언했다.

그 결과 질리언 린은 당대의 가장 유명한 무용수이자 안무가가 될 수 있었다. 그녀는 「오페라의 유령」이나 「캣츠」 같은 유명 작품의 안무를 담당했다. 그녀가 세상을 뜨기 직전이었던 2018년에는 런던의 새로운 극장이 그녀의 이름을 따 '질리언 린 극장'으로 이름을 바꾸기도 했다.

린은 운이 좋았다. 심리 상담에서 일이 잘 풀리지 않았다면 그녀는 학교에서 좀 더 고분고분해지는 진정제를 처방받고 끝났을지도 모른다. 그랬다면 그녀의 큰 잠재력은 빛을 보지 못했을 것이다. 이와 비슷한 사례가 과거에 얼마나 자주 일어났는지 알 수 있다면 참 흥미로울 것이다.

질리언 린의 사례는 주변 환경이 한 사람의 규범을 이해하고 수용하는 것이 얼마나 어려운지를 잘 보여 준다. 내가 해줄 수 있는 조언은 주변의 의견에 그렇게 큰 의미를 부여하지 말라는 것이다. 이것은 당신과 당신의 재능과 욕구에 악영향을 끼치는 위험한 결과로 이어질 수 있다.

당신은 분명 목표로 가는 도중에 실패할 수도 있고 누군가의 원한을 사거나 비판을 받기도 하고 어쩌면 목표에 도달하지 못할 수도 있다. 하지만 적어도 당신은 자율적이고 자유로운 삶을 살게 될 것이다. 그렇게 사는 1년은 주변의 눈치를 보며 두려움과 외부의 영향에 종속된 10년보다 가치 있다.

칭찬과 비난에 적당한 거리를 둬라

●

다른 사람이 보내는 비난과 미움으로부터 거리를 두라는 조언은 메달의 한쪽 면에 대해서만 이야기하는 것에 불과하다. 그 이면에는 당신이 다른 사람의 호의나 인기에도 종속되어서는 안 된다는 의미가 담겨 있다. 타인의 마음에 들고자 하는 사람들은 자유롭지 않기 때문이다. 누군가가 당신을 받아들일지 거부할지가 당신의 선택에 결정적인 영향을 미쳐서는 안 된다. 당신의 삶과 당신이 가는 길은 오로지 당신의 것이다. 이기주의자도 물론 다른 이와 마찬가지로 칭찬받는 것을 좋아한다. 하지만 그때의 감정이 자신을 지배하지 않도록 자기 만족을 최우선시한다. 그들은 자신과 자신의 삶을 위해 스스로 기준을 세우고 이를 성실하게 따른다.

독일의 래퍼 부시도는 나와의 대화에서 행복과 성공에 대한 자신만의 기준이 있었으며 오직 그 기준만을 따랐다는 이야기를 해주었다. 다른 사람의 기준이 자신의 것과 충돌하더라도 그는 전혀 개의치 않았다. 행복한 삶의 기술은 이렇게 자신의 기준을 발견하고 이에 따라 행동하는 것이다. 그 외에도 몇 가지 더 있다. 더 많은 것을 추구하라, 당신을 행복하게 만드는 것을 지향해라 등등. 당신이 행복하면 그 행복을 다른 사람과 함께 나눌 수도 있다.

오쇼는 이에 관해 다음과 같이 이야기한 바 있다. "나는 헌신하라거나 사심을 버리라고 가르치지 않는다. 진짜 이기적인 사람은 알아서 헌신하기 때문이다. 이기적이지 않은 사람은 자신을 무시하고 살아가기 때문에 근본적으로 자신과의 연결이 끊어져 있고 다른 사람과도 관계를 유지하지 못한다. 그들은 첫 단계를 뛰어넘은 사람들이다."[24] 사회는 우리에게 첫 단계를 뛰어넘으라고 가르친다. 그러나 첫 단계를 뛰어넘은 상태에서 두 번째 단계로 갈 수는 없다. 가진 자만이 줄 수도 있다.

자유로운 삶을 위해 감당해야 할 것들

●

사회에서는 배려 있게 행동해야 하며 사회적인 기준을 따라야한다고 이의를 제기하는 사람도 있을 것이다. 하지만 당신이 지켜야 할 유일한 규범은 잘못된 이기주의자가 되지 않는 것이다. 의도적으로 타인에게 해를 가해서는 안 된다. 타인에게 해를 가하는 것이 행동의 목표가 되어서는 안 된다. 그러면 당신은 자유롭지 못하게 된다.

상상하던 삶의 계획을 실행시켜 나가며 목표를 이루는 과정에서 다른 사람이 불편을 느낀다면 그것은 당신의 문제가 아니다. 당신은 절대 모두에게 옳은 행동을 할 수 없다. 물론 당신의 행동 때문에 손해를 입는 사람은 언제나 있을 것이다. 하지만 그것은 행동에 따른 부작용이고 의도했던 바는 아니다. 그것은 간혹 누군가의 삶을 앗아갈 정도로 엄청난 규모의 손해를 낼 수도 있다. 하지만 의도하지 않는 한 그것은 당신의 잘못이 아니다.

많은 사람이 앞다투어 우주여행 상품을 두고 경쟁한다는 이야기를 들은 적 있을 것이다. 많은 기업들은 자신이 제일 먼저 일반인을 우주로 데려가려고 최선을 다하고 있다. 그중에는 버진 갈락틱이라는 회사도 있다. 이 회사의 창업자는 영국의 억만장자 리처드 브랜슨이다. 그가 창업한 버진 그룹은 거대한 여행사업을 펼치고 있어서 항공 여행에 관해서라면 브랜슨이 잘 알고 있었다. 하지만 그것은 어디까지나 비행기를 이용한 여행에 한해서였다. 그러다 2004년에 브랜슨의 사업적 호기심은 우주 관광과 관련한 모험을 시작하게 만들었고 그는 결국 버진 갤럭틱이라는 우주 항공 기업을 따로 차렸다. 이 회사의 목표는 상업용 우주선을 개발하여 정기적으로 사람들을 태우고 우주를 다녀오는 것이었다.

2014년 10월 21일, 버진 갤럭시의 프로토타입 VSS 스페이스십 2는 발사된 지 얼마 되지 않아 추락했고 이 사고로 조종사 한 명은 목숨을 잃었다. 상사의 비전을 실행시키려다가 희생된 것이다. 브랜슨이 우주여행의 비전을 실현하려고 마음먹은 순간 그는 미개척 분야에 발을 들인 셈이었다. 그는 여기에 큰 위험성이 따른다는 사실을 알고 있었다. NASA와 기타 기관에서 발생한 추락사고에서도 이미 누군가가 목숨을 잃은 적이 있었다. 그는 그 위험성을 알면서도 우주선의 개발을 추진했다. 또한 그 위험성에 대해 인지하고 있는 조종사들을 모집했다.

그가 누군가를 죽이려고 의도했던 것은 아니다. 하지만 그때 모집했던 조종사 중 한 명은 목숨을 잃었다. 브랜슨은 그러한 일이 일어날 것을 미리 고려할 수 없었다. 이와 같은 프로젝트에 매달려 일하는 모두는 무언가가 잘못될 수도 있다는 사실을 인지하고 있다. 그때의 추락사고는 프로젝트 추진에 수반되었던 비극적인 부작용이었다.

당신의 가치관에 따른 삶을 살다 보면 다른 사람이 끊임없이 와서 부딪히게 될 것이다. 리처드 브랜슨의 경우처럼 꼭 누군가가 목숨을 잃게 되지는 않더라도 주변 환경에 부담이나 실망을 안기는 상황이 생길 수 있다. 당신은 이러한 것들을 감수하고 어떤 상황에도 당신의 길을 계속 가야 한다. 그것은 자유로운 삶을 위해 치러야 하는 대가이다.

어떤 가치를 선택하시겠습니까?

●

'이기주의자는 자신이 원하는 바를 알고 있다'는 말은 단순하고 좋게 들린다. 하지만 실제로도 그럴까? 자신에게 중요한 것이 무엇인지 아는 사람은 자신의 가치를 알고 있다. 어떤 가치가 중요한지 모르는 사람은 결정을 내릴 때마다 항상 문제를 겪는다. 자신의 가치와 충돌하는 결정을 내릴 때면 불편하거나 불행하다고 느낀다. 그럼 가치는 어떻게 정의를 내려야 할까?

누구나 자기에게 동력이 되는 가치가 있다. 하지만 실제로 인식하는 경우는 소수에 불과하다. 여기서 가치란 솔직함, 안전, 재미 같은 것들이 될 수 있다. 이상적으로는 당신이 내리는 모든 결정은 당신의 가치와 부합해야 한다. 그렇지 않거나 누군가가 당신의 가치를 무시하면 불쾌한 기분을 느낄 것이다. 어떤 사람은 자신의 가치와 맞지 않는 상황이 닥쳤을 때 자제력을 잃기도 한다. 그것도 괜찮다. 가장 큰 목표는 모든 것을 당신의 가치와 조화를 이루도록 하는 것이기 때문이다.

우리는 개인이 지닌 영향력의 크기에 따라 사람들을 강하게 혹은 약하게 끌어당기거나 밀어낸다. 자신에게 중요한 것이 무엇인지 혼란스러워할수록 자신과 맞지 않는 사람들을 끌어당긴다. 반면에 명확하게 알수록 맞는 사람들이 다가온다. 어떤 방향으로 갈지는 당신에게 달렸다. 당신의 의견이 다른 사람에게 상처를 주는 상황을 두려워하지 말자. 어쩔 수 없는 일이다. 스스로에게 최고의 환경을 제공하자. 모두를 행복하게 할 수는 없다.

당신은 자신을 위해 생산적인 환경을 만들어 내야 할 책임이 있다. 회사에서도 마찬가지이다. 나는 사업가가 직원에 대한 불만을 얘기하는 것을 보면 고개를 내젓는다. 그 사람을 고용하고 그들의 계좌에 매달 임금을 이체하는 것은 결국 사업가 자신이다. 어떤 분야에서든 누구나 자신의 성과에 직접 책임을 져야 하므로 그들은 동정받을 자격이 없다.

우선순위의 중요성
●

이기주의자는 지속 가능한 방식으로 생각한다. 자신과 자신의 가치로부터 멀리 떨어진 결정을 내렸을 때는 이미 선택한 길을 고집하는 것이 아니라 가능한 한 빨리 수정한다. 그들은 그렇게 하는 것을 어려워하지 않는다. 방향을 바꾸는 것에 대해 고뇌하거나 자책하지 않기 때문이다. 어려울 게 뭐 있겠는가? 잘못된 방향으로 가는 모든 걸음은 그를 자신의 목표에서 멀어지게 만들 뿐이다. 여기서 이기주의자의 또 다른 특징을 찾아볼 수 있다. 그들은 자신이 잘못 내린 결정을 인정하기를 두려워하지 않는다. 이 능력은 이미 걷기 시작한 잘못된 길을 가능한 한 빨리 수정할 수 있도록 하는 기반이 되어 준다.

뮌헨의 바바리아 필름 스튜디오에 인터뷰 대상자로 초대되어 앉아 있었을 때의 일이 생각난다. 사회자는 내게 성공을 어떻게 정의하겠냐고 물었다. 나는 아침에 기쁜 마음으로 일어나는 사람은 성공적인 삶을 살고 있는 것이라고 대답했다. 물론, 이 조건은 다양한 방식으로 충족될 수 있다. 수중에 가진 돈이 없어도 세계 일주를 하며 세상에서 가장 멋진 해변에서 행복한 시간을 보낸다면 성공적인 삶을 산다고 볼 수 있다. 반면 가족에게서 상속받은 공장으로 출근하러 가면서 고개를 떨구고 왜 이 일을 하고 있는지 자문하는 사람은 성공했다고 보기 어렵다. 삶에서 중요한 것은 자기가 중요하게 생각하는 가치에 맞는 행복한 삶을 사는 것이기 때문이다.

최고의 자리에 오른 사람들이 자신의 모든 것을 다른 이들에게 내어 주고 간소한 삶을 꾸려 나가는 이야기는 끊임없이 들려온다. 어떤 이는 화려한 삶을 뒤로하고 포도를 재배하고 어떤 이는 전기도 수도시설도 없는 알프스의 산장으로 들어가 책을 쓰기도 한다. 이것은 보통 사람의 관점으로 볼 때 이해하기 어려운 결정이다. 그들은 이 과정에서 명성과 명예, 돈과 권력을 기꺼이 희생하기 때문이다. 하지만 겉으로 화려하게 보이기 위해 중요하게 생각하는 가치를 더 이상 지키지 못하게 된다면 자신의 궤도로 되돌아가기 위한 극단적인 방향 전환이 필요하다. 한마디로 이기주의자는 우선순위를 철저하게 지키는 일에서 달인이다. 타협은 절대 없다. 이와 관련한 짧은 이야기가 있다.

어느 날 읽은 책에서 한 젊은 피아니스트는 성공 비결에 대한 질문을 받았다. 그녀는 특정 과제를 의식적으로 무시하는 것이 비결이라고 답했다. 그녀는 어렸을 때 식사가 끝나면 항상 방으로 가서 그 방을 치우고 정리한 뒤에야 피아노를 연습했다고 한다. 하지만 그렇게 해서는 자신이 원하는 만큼 발전할 수 없다는 사실을 깨달았다. 그녀는 우선순위를 의식하여 그 순서를 바꿨다. 그때부터 그녀는 음악과 연습이라는 삶에서 가장 중요한 것들을 가장 먼저 신경 쓰게 되었다.

그녀는 연습 중 자신이 발전했다고 느낄 때만 그보다 덜 중요한 것들을 할 수 있는 시간을 스스로에게 허락했다. 그녀는 이러한 의식적인 무시 덕분에 큰 성공을 거둘 수 있었다고 답했다.

이는 우선순위를 정해야 한다는 것을 우회적으로 표현한 것이다. 당신은 오로지 당신의 기준과 척도에 맞는 우선순위를 정해야 한다.

이는 미켈란젤로에 관한 일화와도 비슷하다. 이 경이롭고 세계적으로 유명해진 조각상을 탄생시킨 직후에 미켈란젤로는 어떻게 이토록 놀라운 형상을 조각할 수 있었냐는 질문을 받았다. 그는 단지 불필요한 부분을 제거했을 뿐이라고 답했다.

성공하는 사람들은 자신을 위해 일한다

●

나는 자주 팟캐스트 출연 요청을 받는다. ARD(독일의 텔레비전 방송사이자 제1공영방송 - 옮긴이)의 잠정 집계에 의하면 2000만 명의 독일인들이 팟캐스트를 듣는다고 하니 흔쾌히 출연한다.

한번은 팟캐스트 진행자가 내게 다른 사람들을 도우려는 이유에 대해 물었다. 내가 잡지사를 창간하고 책을 씀으로써 사람들에게 도움이 되는 정보를 주기 때문에 나온 질문 같았다. "나는 사람들을 돕고 싶은 것이 아닙니다." 나는 그의 질문에 이렇게 대답했다. 그러자 다소 당황스러워하던 진행자는 어떻게 반응해야 할지 잘 모르는 눈치였다. 그래서 나는 말을 계속 이어 가며 말뜻을 설명하고자 했다. "먼저, 저는 미디어 사업가로 일하는 것을 정말 좋아합니다. 저는 호기심이 많고 변화를 좋아하거든요. 제가 진행하는 프로젝트들을 통해 제가 원하는 것들을 충족시킬 수 있습니다. 그것이 많은 사람에게 도움이 된다는 사실은 제가 하는 일의 부산물입니다. 저로서는 사람들이 저희의 콘텐츠를 읽고 실제로 실행에 옮기는지는 상관이 없습니다."

이때 나는 단지 사실을 말했을 뿐이다. 사람들이 우리의 잡지에서 혹은 내 책에서 얻은 조언을 따르지 않는다고 해서 내가 불면증에 시달린다거나 하지는 않는다. 그것은 그들의 결정이다. 물론, 사람들이 나에게 와서 잡지나 책에서 얻은 조언 덕분에 성과를 거두었다고 얘기해 주면 기쁘다. 그렇다고 해서 그것이 내가 이 일을 하는 이유가 되는 것은 아니다.

내 친구인 토비아스 벡은 지난 수년간 일등석을 담당하던 항공 승무원이었다. 하루는 비행기에서 마이클 잭슨을 만나 그가 성공을 거둘 수 있었던 이유에 대해 물어보았다고 했다. 팝의 황제는 마치 당연하다는 듯 이렇게 대답했다고 한다. "나는 그저 음악을 사랑할 뿐입니다." 매우 단순한 문장이지만 여기에서 주목할 점은 이 문장이 '나'로 시작한다는 사실이다. 역사상 가장 큰 성공을 거두었던 팝 가수 마이클 잭슨은 다른 무엇보다도 자신을 위해, 음악이 자신을 행복하게 만들기 때문에 노래를 불렀다. 이와 동시에, 그는 현재까지 본인의 노래로 수억 명의 사람에게 행복을 선사했다. 그러나 그것은 그에게 부차적인 효과였다. 이것은 다른 사람이 원하는 것보다 우리의 이기적인 동기를 좇을 때 더 행복할 수 있다는 것을 보여 주는 좋은 예이다.

음악가들은 특히 음악을 하는 제일 큰 이유가 이기적인 열망에 있다는 이야기를 많이 한다. 독일에서 가장 성공한 래퍼 중 한 명인 콜레가는 뮌헨에서 나를 만났을 때 이렇게 말했다. "음악을 하는 사람들은 다른 무엇보다도 제일 먼저 자신을 위해 음악을 합니다. 이것은 자신을 밖으로 표출하고 자기도 듣기 위한, 일종의 열망, 충동이죠."[25]

스타 바이올리니스트 데이비드 가렛도 비슷한 맥락으로 얘기한 적이 있다. 누구를 위해 음악을 하느냐는 질문에 그는 이렇게 답했다. "나를 위해서 음악을 합니다. 음악에 재미를 느끼기에 열정을 가지고 성공을 이룰 수 있었습니다. 처음에는 이렇게 큰 규모의 청중이 모일 거라고 예상하지 못했죠."[26]

산악인 라인홀트 메스너와 고산 등반에 대해 이야기했을 때, 그는 내게 이렇게 말했다. "등산은 이기적인 겁니다. 사회의 관점에서는 불필요하죠. 하지만 산을 오르는 사람에게는 실존적인 경험을 할 수 있도록 해주는 훌륭한 기회입니다."[27] 순수하게 이기적인 동기를 갖고 등산을 했더라도 그는 수백만 명에게 영감을 주었다. 마이클 잭슨과 콜레가가 그들의 음악을 통해 그랬던 것처럼 말이다. 세상에 긍정적인 영향을 끼치기 위해 반드시 이타적인 동인이 필요한 것은 아니다.

평생 함께하는 동반자는 자신뿐

●

나는 아침에 일어나 내가 준비해 둔 대로 삶을 살아가는 것이 정말 좋다. 나는 내가 중요하게 여기는 가치에 기반을 두고 쌓아 올린 삶을 살고 있다. 그리고 나는 매우 큰 성공을 거둔 사람들과의 대화를 통해 그들도 나와 똑같이 살고 있다는 사실을 깨달았다. 성공한 사람들은 모두가 옳다고 생각하는 방식대로 행동하려고 애쓰지 않는다. 당신도 경험을 통해 깨달았겠지만 그것은 헛수고다. 절대로 모든 사람을 만족시킬 수 없다. 그렇게 해야 행복한 삶을 살 수 있는 것도 아니다. 태어난 순간부터 들어온 이야기라 할지라도 그것은 사실이 아니다.

이제 잘못된 것을 제대로 바로잡고 진짜 당신이 신경 써야 할 단 한 사람인 자신을 만족시켜야 할 때가 왔다. 그게 바로 큰 성공을 거둔 사람이 행동하는 방식이다. 그들은 항상 만족하기 위해 노력하며 결코 우회로를 택하지 않는다. 즉, 타인을 만족시키는 것보다 자신이 행복을 느낄 수 있는 직접적인 길을 택한다. 당신의 삶에서 유일한 상수는 당신이며 다른 모든 이들은 변수일 뿐이다. 모두가 당신을 떠날 수 있지만 단 한 사람, 자신 만큼은 평생을 같이 보내야 한다. 그러니까 자신과 좋은 관계를 맺고 스스로를 중요한 사람으로 대해야 한다. 실제로도 당신은 당신의 삶에서 가장 중요한 사람이다.

자신보다 다른 사람에게 더 다정하게 대하는 것은 정말 이상한 일이다. 이 행동에는 자신에 대한 존중이 결여돼 있다. 그러니까 자신을 충분히 존중하여 원하는 바를 모두 직감적으로 알아차릴 수 있어야 한다. 나는 다른 누군가가 나를 위해 이 과제를 수행할 때까지 기다리지 않는다. 그것은 나의 일이다! 나는 그 누구에게도 이 일의 책임을 떠넘기지 않는다. 자신과 삶을 사랑하는 것만큼 중요한 일은 없다. '그는 자신의 삶을 증오해'라는 말이 따라붙는 사람을 존경하고 싶은 마음이 드는가? 이게 너무 과장된 표현이라고 생각한다면 '그의 삶은 그럭저럭 괜찮았어'라는 수식어는 어떤가?

당신이 만약 당신의 삶을 사랑하지 않는다면 그것은 부끄러워해야 할 일이다. 당신에게는 이번 생밖에는 없기 때문이다. 매일 당신이 중요시하는 가치를 가능한 한 최대로 만족시키는 것이 당신의 목표가 되어야 한다. 주변 환경은 당신을 위해 이것을 대신해 줄 수 없다.

조건 없는 이타주의의 함정

●

많은 사람은 무조건적인 것을 믿는다. 감정이나 성과에 어떤 조건도 붙이지 않는 것을 의미하는데 그 믿음은 미신일 확률이

99퍼센트이다. 높은 차원의 정신 상태에 도달하여 타인을 위해 무엇인가를 하면서도 대가나 보상을 바라지 않는 사람이 실제로 있을 수도 있다. 아마도 티베트의 수도원에 가면 그런 사람들을 찾을 수 있을지도 모른다. 하지만 우리의 일상에서 그런 사람들을 찾기란 거의 불가능하다.

이 미신에 관한 좀 더 자세히 설명해 줄 사례가 있다. 한 여성이 자신의 남편을 조건 없이 영원히 사랑하리라고 맹세했다. 그런데 어느 날 이 남자는 아내를 배신했다. 이 사실을 알고 그녀의 사랑은 증오로 바뀌었다. 그녀는 이혼 서류를 내밀면서 남편에게 옷 한 벌 남기지 않고 그에게서 모든 것을 빼앗겠다고 악담을 퍼부었다. 아내의 관점에서 보면 충분히 이해할 수 있는 발언이다. 하지만 그녀가 초반에 했던 약속은 거짓이었다. 만약 그녀가 정말로 남자를 조건 없이 사랑했다면 아내는 남편의 배신 이후에도 그를 계속 사랑했어야 한다.

대부분의 사람이 생각하는 '조건 없이'라는 말의 정의는 다음과 같다.

나는 __를 제외하고는 조건을 걸지 않겠다.
다음의 규칙을 지킨다면 나는 당신을 조건 없이 사랑하겠다.

이것은 오히려 물물교환에 가깝다. 물론 많은 사람이 어떤 일이 일어나도 사랑을 나눌 수 있는 조건 없는 사랑을 꿈꾼다. 그것이 안정감을 줄 것이라 기대하지만 안정감은 삶에 존재하지 않는다. 많은 사람은 자신의 연인을 통해 부족한 자기애를 보상받으려고 한다. 자기가 자기에게도 주지 못하는 것을 애인이 주기를 바란다. 조건 없는 사랑에 갑자기 이렇게 조건이 붙는다. 당신도 혹시 상대에게서 자신의 어떤 점을 사랑하느냐는 질문을 받은 적이 있는가? 이때, '너의 눈부시게 아름다운 미소'와 같은 답을 함으로써 사랑에 조건을 다는 실수를 저지르지 말아야 한다. 애인이 어느 날 갑자기 발작을 일으켜 얼굴의 근육이 일그러진다면 그래서 더 이상 미소를 짓지 못한다면 어떻게 되겠는가?

조건 없는 자기 수용은 이기주의자가 지녀야 할 가장 중요한 능력이라고 할 수 있다. 다른 모든 것들을 쌓아 올릴 기반이 되기 때문이다.

만약 자신의 인격이나 성격에 대해 부끄러움을 느낀다면 다른 사람과 어떤 식으로도 좋은 관계를 맺을 수 없다. 더 이상 자신의 소원이나 욕구, 존재를 부끄러워하지 말자. 자기를 받아들이고 내면의 평화를 찾자. 자신을 상대로 벌이는 전투에서는 패배할 수밖에 없다. 그렇게 해서 자유로워진 에너지는 자기에게 좋은 일을 하는 데 쓰자. 당신이 고통을 느끼지 않으면 그 고통을 덜어줄 사람도 필요 없기에 주변 사람은 큰 부담에서 해방될 것이다.

내 원칙을 지켜야 하는 이유

●

다른 사람들은 끊임없이 당신을 자신의 무리에 포섭하기 위해 시도할 것이다. 독일의 코미디언 디터 누어가 지역 일간지《뮌혜너 메르쿠어》와의 인터뷰에서 밝힌 것처럼 "오늘날에는 다르게 생각하는 사람을 도덕적으로 열등하다고 여긴다."[28] 누어는 새로이 등장한 환경 운동의 움직임에 관해 자신의 의견을 말한 적이 있는데, 그의 발언은 폭풍과 같은 반응을 불러일으켰다. 위의 문장은 그 때의 반응을 보며 누어가 했던 말이다.

이렇게 의견과 원칙을 지키는 게 매우 어렵다는 것을 인지하고 이에 대비하는 것이 좋다. 대부분의 사람은 자신과 다르게 생각하는 사람과 좋은 관계를 맺지 못하며 다양성을 잘 받아들이지 못한다. 양육과 사회화 과정을 통해 모두가 특정 방향만을 바라보게 된 상황에서 이는 어찌 보면 당연한 결과이다.

어쩌면 이것은 석기시대 사람들이 집단생활을 하던 시기에 자신과 같은 종족을 즉각 알아볼 수 있어야 했던 때부터 이어진 잔재일지도 모른다. 그때는 가혹한 환경에서 살아남기 위해 모두가 힘을 모아 협력해야 했다. 집단의 생존을 지키기 위해서는 누구나 자신에게 주어진 과제를 무조건 수행해야 했다. 하지만 우리는 이제 네안데르탈인이 아니며 이러한 과거를 다 지난 이야기로 인식하고 벗어날 수 있어야 한다.

오늘날 당신은 원하는 만큼 강한 개성을 지닐 수 있다. 나의 친구 하랄드 글뢰클러는 독일에서 가장 눈에 띄는 패션 디자이너로 꼽힌다. 그는 개성이 매우 강해서, 자신을 패션 디자이너라는 틀에 가두는 것을 좋아하지 않는다. 마지막으로 그의 집에서 만났을 때, 우리는 그에게 어떤 타이틀이 어울릴지 이야기를 나누었다.

그때 사진작가 우도 슈프라이첸바르트의 화보집을 우연히 발견했다. 슈프라이첸바르트는 멕 라이언과 신디 크로포드와 같은 헐리웃 스타들의 모습을 촬영한 잘나가는 작가였다. 그가 하랄드 글뢰클러를 촬영한 사진 밑에는 「우상의 신화」라는 제목이 붙어 있었다. 우리는 우상(아이콘)이 그를 표현하는 가장 적절한 단어라는 데 의견을 모았다. 당신도 아이콘이 되어도 좋다. 원하는 만큼 개성적이어도 된다. 그렇게 되면 당신과 잘 지내지 못하는 사람이 생길까? 물론이다. 하지만 신경 쓰지 않아도 된다. 우리는 결국 우리 자신의 목표와 계획을 좇는 것이기 때문이다.

명심하자. 언제나 당신 곁에 남을 것이란 사실을 확신할 수 있는 사람은 당신 자신뿐이다. 다른 모든 이들은 당신에게 아주 작은 영향을 끼치는 변수이다. 그러므로 당신은 누구보다 제일 먼저 당신 자신의 마음에 들어야 한다. 당신이 어떤 결정을 내리든, 어차피 그 결과를 책임져야 하는 것은 당신이다. 즉, 그 대가를 치러야 하는 것은 당신이다. 만약 당신이 타인의 원칙과 이상에 방향을 맞춘다면 큰 대가를 치르게 될 것이다. 그건 자신을 비방하는 셈이며 스스로에게 충실하지 못한 행위이다. 물론 자신의 목표를 향해 가더라도 대가를 치러야 한다. 하지만 다른 사람의 가치를 위해 대가를 치르느니, 내 가치를 지키기 위한 비용을 지불하는 편이 더 낫다.

나는 래퍼 시도(Sido)에게 비판에 대처하는 가장 좋은 자세에 관해 물은 적이 있다. "내 견해에 대한 매우 확고한 입장을 지켜야 합니다. 자기에게 아주 솔직할 수 있다면 언제나 나보다 더 멋지고 아름답고 돈이 많고 훌륭한 사람이 있다는 사실을 항상 인지한다면 그리고 자신의 위치가 어디인지 정확히 안다면 세상의 어떤 비판도 나에게 해를 끼칠 수 없죠."[29]

어떤 사람은 당신이 기존의 노선에서 벗어난 의견을 가졌다는 사실을 기분 나쁘게 받아들일 것이다. 이기주의자는 자신의 길을 가기 위한 방향으로 결정을 내린다. 덧붙이면 이기주의자는 누군가의 본보기가 될 수도 있지만 꼭 그래야 하는 것은 아니다. 좋은 본보기를 남기고 먼저 길을 닦아 놓는다는 표현은 공허하다. '좋다'는 단어의 정의는 너무도 개인적이기 때문이다. 그 안에는 또다시 사회적인 관습과 전통적인 가치관이 혼재되어 있을 것이다. 이 또한 이기주의자가 의식적으로 거리를 둬야 할 종속성의 한 형태이다. 마지막으로 한 가지만 더 덧붙이자면 이기주의자가 자신을 위해, 내면 깊은 곳에서 우러나오는 확신을 가지고 자신의 가치관과 조화를 이루며 행하는 모든 것은 좋다.

통제의 즐거움
●

열여덟 살에 독립했을 때 나는 규율을 엄격하게 잘 지키는 사람이 아니었다. 그래서 내 결정을 관철하는 법을 배우는 훈련이 필요했다. 모든 것은 나에게서 시작되고 끝나며 내가 해낼 수 있다는 사실을 스스로에게 설득할 방법을 찾았다. 같은 문제를 가지고 있던 한 사업가는 일상적인 습관들을 바꾸는 게 비결이라고 했다. 자동으로 하던 습관들을 바꾸는 것은 사실 제일 어려운 일이다. 그는 훈련의 일환으로, 당장 설탕과 술을 끊겠다는 결정을 내렸다고 했다. 나에게는 그 훈련법이 설득력 있게 들렸다. 그가 내렸던 결정이 건강에 이로운 선택이었기에 더욱 그랬다.

나는 청소년 때 흡연을 시작했고 이 나쁜 습관을 끊는 것을 훈련에 넣고 싶었다. 그때부터 담배도 피우지 않고 설탕도 멀리하고 술 한 방울도 마시지 않겠다고 다짐했다. 만약 성공한다면 모든 걸 할 수 있게 되리라는 걸 알고 있었다. 규율은 나와 내 결정을 존중하고 단호하게 지켜 나갈 수 있는 기초가 되어 주기 때문이다. 이 방법은 모든 의사결정 과정에 적용할 수 있다.

나는 기호식품 없이 사는 법을 빠르게 배웠다. 술을 멀리하는 게 무엇보다도 중요했다. 술은 자신을 통제하는 데 영향을 미치며 인지와 지각을 제한시키기 때문이다. 이기주의자는 적어도 자신에 대해서만큼은 통제권을 유지해야 하는 사람이다. 나는 이 세상이 맨정신으로도 이미 너무 재밌다고 생각하기에, 뚜렷한 현실을 일부러 흐리게 인지해야 할 이유가 없다고 본다. 그러나 환영 파티, 축하 행사, 결혼식(특히 자신의 결혼식), 한 해의 마지막 날에는 큰 유혹에 시달리기도 한다. 그때마다 어렵지 않게 유혹에 저항할 수 있는 것은 내 가치를 존중하는 마음에서 내린 결정이기 때문이다. 블라디미르 푸틴, 레제프 타이이프 에르도안(터키의 대통령-옮긴이), 도널드 트럼프. 이 세 사람의 공통점은 철저하게 금주를 지킨다는 것이다. 이 세 사람은 모두 지배와 통제력을 잃는 것을 원하지 않는다.

나의 이러한 행동과 결정이 옳다는 것은 과학적으로도 뒷받침된다. 하루를 보내면서 자기 제어를 잘하는 사람은 실제로 그렇지 않은 사람들보다 더 행복한 하루를 보낸다고 한다. 시카고대학교의 한 연구에 따르면 자신의 순간적인 욕구보다 자신이 이루고자 하는 목표를 더 우위에 두고 모든 충동에 넘어가지 않는 사람들은 하루 동안 더 만족스럽고 긍정적인 감정을 느꼈다고 한다. 또한 이 연구는 자기 제어는 운이 좋은 일부만 누리는 선천적으로 주어진 능력이 아니라 일종의 근육과 같아서 훈련을 통해 더 좋아질 수 있는 능력이라고 밝혔다.[30]

이 부분은 이기주의와도 연관이 있다. 뉴욕대학교의 한 메타연구에서는 프로젝트의 실패 또는 성공 요인을 다룬 94개의 연구에 대해 조사했다. 실패나 성공의 원인은 매우 복합적이었지만 결국 세 가지로 정리할 수 있었다. 첫 번째는 자신의 능력과 효과에 대한 믿음, 두 번째는 자신의 행동과 태도에서 변화가 필요한 부분이 무엇인지 가차 없이 돌아보는 자기 성찰, 세 번째는 자신의 힘을 완전히 소진해 버리지 않고 필요한 곳에 아껴 쓰는 능력이었다.[31] 이 세 가지 요소는 자의식, 자기애, 따끔한 자기 성찰의 능력에서 나온다. 이는 이기주의자를 지배하는 요소이며 사람들은 이를 통해 행복한 삶을 살 수 있다.

원하는 것을 누릴 자유
●

우리에게는 각자 기호와 그에 따른 기준이 있다. 행복을 느끼게 해주는 이것들을 최대한 자주 가까이에 두고 즐기자. 만약 자신의 기준에 미치지 못하는 상황에 맞닥뜨린다면 그대로 두지 말자. 호텔을 방문했을 때, 방이 마음에 들지 않는다면 원하는 방을 요구하라. 어째서 쓸데없는 겸손 때문에 상상했던 휴가를 보내지 못해야 하는가? 단지 호텔 지배인과의 갈등을 피하기 위해서? 그것은 전혀 의미가 없을뿐더러, 스스로의 가치와 기준을 고수할 만큼 자신을 중요하게 여기지 않는다는 것을 보여 준다.

탄산이 없는 물을 주문했는데 종업원이 탄산수를 가져온다면 탄산 없는 물을 달라고 다시 당당하게 요청하자. 레스토랑에 자리가 딱 한 자리 남았는데 마음에 들지 않는 자리라면 그냥 나가자. 덜 만족스러운 선택지를 그냥 받아들이지 말고 자신의 기준을 충족시키는 방향으로 행동하자. 이것은 자신을 잘 대하는 태도와 관련이 있다. 그렇다고 다른 사람에게 잘 대해 주지 않아도 상관없다는 뜻은 아니다. 오히려 정반대이다. 보통은 스스로 좋지 못한 상태일 때 타인을 잘못된 방식으로 대한다.

나는 호텔에서 묵는 일이 잦다. 조식으로는 스크램블드에그를 즐겨 먹는다. 아쉽게도 이 메뉴는 많은 조식 뷔페에서 뚜껑이 열린 상태로 온열 램프 밑에 준비되어 있는 경우가 많다. 그 결과 음식 위로 껍질이 생기는데, 나는 그것을 정말 싫어한다. 그래서 주방에 스크램블드에그를 새로 준비해 달라고 부탁한다. 그렇게 하면 주방에서는 항상 달갑지 않은 눈치를 보내 오지만 나는 이 상황을 기꺼이 감수한다. 나는 호텔 관계자와 좋은 시간을 보내기 위해서가 아니라, 스스로에게 좋은 하루를 선물해 주기 위해 그 호텔에 묵는 것이기 때문이다. 그리고 나는 그러한 부탁을 할 때 절대 선을 넘지 않는다. 만약 내가 타조 알을 부쳐 달라고 주문했다면 그건 완전히 다른 이야기가 됐을 것이다.

나는 나의 하루를 내가 좋아하는 방식으로 시작하고 싶고 나의 조식을 즐기고 싶다. 이를 위해 나는 (음식이 실제로 맛있었을 경우) 넉넉한 팁으로 감사 표시를 하고 주방장에게 칭찬을 건넨다.

내가 하고 싶은 말은 이기주의를 소통하는 방식도 매우 중요하다는 것이다. 종업원을 무시하며 불친절하게 대하는 행동은 매우 잘못된 것이다. 이는 사람으로서 중심을 잃었다는 사실을 보여 준다. 동시에 그런 태도로 인해 무언가를 배상하게 될 것이며 결국 자신을 해치게 될 것이다.

이기주의자는 자신이 원하는 것이 있을 때 친절하고 올곧은 태도로 상대에게 부탁한다. 자신을 존중하는 만큼 다른 사람도 존중하기 때문이다. 스스로를 좋아하지 않는 사람은 타인에게 친절을 유지하기도 어렵다. 결과적으로 이기주의는 모든 사람에게 도움이 된다. 나는 내 소원을 더 쉽게 충족하기 위해 상대의 자아를 쓰다듬는다. 그렇게 하면 모두가 더 좋은 기분을 느낄 수 있어서 윈윈할 수 있다.

기브 앤 테이크의 경제학

●

이기주의자는 자신의 성공을 위해 다른 사람을 착취하거나 악용하지 않는다. 그렇게 한다는 것은 자신이 다른 이에게 의존한다는 것이며 그들에게 무언가를 빚지고 있다는 의미이기 때문이다. 이기주의자의 행동은 물물교환에 가깝다. 당신이 무엇을 원하는지, 동시에 상대에게 무엇을 제공할 수 있는지를 두고 일종의 흥정을 하는 것이다. 그러면 상대는 이 거래에 자신의 몫을 제공할지, 제공하지 않을지를 결정함으로써 참여 여부를 선택할 수 있다. 이때 당신은 그 거래를 최대한 당신에게 이로운 방향으로 끌어가도록 노력한다. 경제학적인 원칙에 따라 당신은 최소한의 비용과 노력을 들여 최대한의 결과를 얻고자 할 것이다.

예를 들면 가능한 한 적은 비용으로, 가능한 한 많은 물건을 사고 싶을 것이다. 이와 같은 상황에서는 물건을 파는 사람과 가격을 두고 흥정함으로써 목표를 이룰 수 있다. 이때 판매자에게 계속해서 당신의 요구 사항을 들어주지 않는다면 언제라도 가버릴 거라는 신호를 보내면 된다. 상점의 계산대나 물건을 기준으로 출입구 쪽으로 몸을 돌리고 있으면 당신이 보내는 신호는 더욱 명확해진다. 제안을 받아들일지, 손님 한 명을 잃을지를 결정하는 것은 이제 판매자의 몫이다. 나의 경험에 따르면 이러한 방법으로 당신이 원하는 물건을 더 저렴하게 구입할 수 있게 될 확률은 50퍼센트 이상이다. 많은 상품을 한꺼번에 구입하면 확률은 더 올라간다.

이 시점에서 정의의 수호자들은 당신이 이렇게 행동함으로써 상점 주인이 파산하게 될 거라고 주장할 것이다. 그렇지 않다. 상점 주인 역시 경제학의 원리에 따라 행동할 것이기 때문이다.

그는 공급자에게서 물건을 최대한 저렴하게 구입하여 상점에 가져와 최대한 높은 가격을 붙인다. 생산자에게서 그 물건을 바로 가져오는지 여부에 따라, 그는 다섯 배가 넘는 이윤을 남기기도 하고 심지어 열 배 이상을 남기는 경우도 있다. 그는 2800원을 주고 사온 물건에 1만 4000원, 또는 2만 8000원의 가격표를 붙여 상점에 진열해 둔다.

관광, 휴양산업이 발달한 나라일수록 이러한 경향이 훨씬 더 뚜렷하게 나타난다. 터키의 많은 시장에서는 상인들이 물건을 들여와, 자신이 사온 가격의 두 배를 곱한 뒤, 그 끝에 0을 추가로 붙이는 경우가 일반적이다. 그렇게 해서 도출된 가격이 관광객들을 상대로 판매하는 (지나치게 높은) 가격인 것이다. 그러니까 예를 들어 이 상인이 공급자에게서 어떤 물건을 7000원의 단가로 사서 들여오면 그는 이 상품을 14만 원에 내놓는다. 그가 남기게 될 이윤은 상당히 크다. 그러므로 상인들이 물건 값을 깎아줄 때의 모습은 그저 겉으로만 곤란해 보이는 것이다. 많은 관광객들은 가격이 책정되는 메커니즘을 모르는 채로 바로 14만 원을 지불하기도 한다.

가격 흥정을 제시하여 성공하는 순간에는 모든 당사자가 이득을 본다. 관광객은 상인을 상대로 20퍼센트의 할인이라도 받을 수 있다면 기뻐할 것이다. 반면 상인은 그렇게 해도 10만 5000원의 이윤을 남겨서 기쁠 것이다. 여기서는 상인도 마찬가지로 자신의 결정에 책임을 져야 한다. 자신이 판매하려고 내놓은 그 물건들을 실제로 판매할지, 그렇다면 얼마의 가격에 판매할지는 자신이 알고 있어야 한다. 만약 그 물건을 더 높은 가격에 판매하지 못할 것이라는 결론에 이르면 상인은 할인을 제안한 당신의 의견을 따를 것이다. 그렇지 않은 경우, 그는 자신의 요구 사항을 들어줄 다음 손님을 기다릴 것이다.

경제는 정확히 이러한 방식으로 작동한다. 자선은 없다. 게다가 경쟁력 없는 기업들이 시장에서 사라지는 것은 매우 자연스러운 이치이다. 당신의 개인적인 행동과 상관없이, 이것은 매일같이 일어나는 일이다. 수많은 상품과 서비스에서도 마찬가지이다. 이것을 명심해야 한다. 이기주의자로서 당신도 그렇게 행동해야 한다. 상대가 제재할 때까지, 가능한 한 많은 돈을 당신의 몫으로 가져가야 한다. 잘못된 겸손은 필요 없다.

이타주의라는 병

●

이타주의자들은 타인을 도울 수 있을 때에만 행복하다. 그들의 자의식과 자존감은 타인의 호응과 감사에 기반하여 책정된다. 그 결과 그들은 타인에게 의존하게 된다. 사람들이 만약 도움이 필요 하지 않거나 도움받지 않으려고 하면 이타주의자들은 자존감을 잃고 홀로 남게 된다. 그들은 강박 장애를 일으키기 일보 직전의 상태이다. 자신이 쓸모 있고 소중하다는 느낌을 받기 위해 억지로 다른 사람을 도울 기회를 찾는다. 그러다 그 도움에 의미를 부여하기 위해 상대에게 희생자의 역할을 맡도록 강요하는 결과를 낳는다. 완전히 왜곡된 상황이다. 자칭 구원자였던 사람이 순식간에 가해자로 변한다. 이 책을 읽고 있는 당신도 비슷한 상황을 직접 겪은 적이 있을지도 모른다. 이러한 상황을 알아채고 문제를 해결하는 데에는 많은 오랜 자기 성찰의 시간이 필요하다.

오쇼는 이와 같은 상황을 조금 더 종교적으로 표현했다. "오로지 자신의 존재 안에 존속할 수 있는 각 개인만이 황제이다. 자신의 빛 안에서 분명하고 명료하게, 자신의 집이자 영원한 고향인 내면의 빛과 내면의 왕국을 찾은 각 개인만이 황제이다. 온 우주가 그들의 왕국이다. 그 왕국은 애써 정복할 필요조차 없다. 이미 그들의 것이기 때문이다. 당신이 스스로를 인정하는 순간, 당신은 이미 그 왕국을 정복한 것이다."[32]

지금부터 들려주는 자신의 가족과 직업을 위해 희생한 한 남자의 이야기를 통해 당신이 교훈을 얻길 바란다. 그는 가족의 곁에 있고 싶었지만 동시에 마음에 들지 않는 직업을 위해서도 많은 시간을 썼다. 그는 그렇게 하루 12시간을 일하는 데 썼고 그러한 생활을 20년간 지속했다. 그는 오랜 시간 잘 버텨 왔지만 어느 날 아침에 왼쪽 몸에 마비가 왔다는 사실을 깨달았다. 그는 충격에 휩싸여서 의사를 찾아갔다. 의사는 그에게 뇌의 여섯 군데에서 혈전이 발견되었다고 말했다. 그 남자는 하루아침에 병원 신세를 지게 되었다.

이 모든 것은 그가 자신의 요구와 필요를 무시하고 몸이 보내는 신호에 귀를 기울이지 않았기 때문이었다. 이와 반대로 행동하는 것도 마찬가지이다. 오로지 자기만 생각하면서 다른 사람의 처지는 조금도 헤아리지 않는 사람은 그 행동으로 타인에게만 해를 끼치는 게 아니라 결국 자신에게도 해를 끼치는 셈이다.

혼자가 될 용기

●

토크쇼 「나이트 카페(Nachtcafé)」에서 이기주의를 주제로 녹화가 이루어졌을 때, 초대 손님으로 참석한 적이 있다. 나의 맞은편에는 미디어에 자주 등장한 적 있는 한 철학자가 앉아 있었다. 내가 나의 성공은 이기주의 덕분이며 내 삶에서 무엇보다도 나를 제일 먼저 지지하고 함께할 미래가 보이지 않는 사람들과는 연락을 끊는다고 설명하자, 그 철학자는 나의 관점에서 위선적으로 보이는 발언을 했다.

그에 앞서 진행자는 그 철학자에게 나의 발언이 건강한 것인지 물었다. 그러자 그 교수는 나이가 들면 친구와 가족에게도 의존하기 때문에 그렇게 이기적이면 안 된다고 주의를 주었다.

단지 어떤 사람이 나중에 자신의 기저귀를 갈아 주게 될지도 모른다는 기대로 그 사람에게 잘 대해야 한다는 말부터가 이미 위선적이다. 그 철학자의 말이 틀렸다는 것은 통계 결과가 증명하고 있다. 고령자들을 대상으로 실시한 한 설문조사에서는 60퍼센트 이상의 응답자가 자녀들과 더 많이 연락하기를 바란다고 답했다. 이 응답자들은 외로움을 느낀 것이다.

자신의 가족이 언젠가 자신을 위해 함께해 줄 거라는 믿음은 낭만적으로 들리지만 현실은 다른 모습을 보인다. 양로원들은 꽉 차 있으며 앞으로 수년간의 예약이 이미 차 있다. 그러므로 미리 저축해 두는 것이 좋다. 언젠가는 그곳에 가 있거나, 당신이 부유하다면 집으로 간병인을 들이게 될 것이기 때문이다. 토크쇼 진행자의 질문부터가 이미 편파적이었다. 이기적인 것은 이 책에 제시된 증거를 통해 알 수 있듯 당연히 건강한 것이다. 게다가 그 질문을 받은 교수도 일종의 이기적인 주장으로 그 물음에 답한 것은 아이러니가 아닐 수 없다.

혹시 고령자들이 연금을 받는 이유가 가족에게 줄 자금을 마련하기 위해서라는 사실을 알고 있는가? 안타깝지만 농담이 아니다. 고령자들은 자녀와 손자들이 그들의 방문에 금전적인 보상이 따라올 때 더 자주 방문한다는 사실을 알고 있다. 어떤 사람이 자기를 떠나지 못하게 하려고 상대에게 금전적 보상을 제공해야 한다면 건강한 관계가 아니다. 자기 자신과 좋은 관계를 맺지 못했을 때 이런 일이 일어난다. 이기주의자는 자신과 가장 좋은 관계를 맺고 있으며 이를 기반으로 다른 사람과도 좋은 관계를 맺는다. 본인 안에서 휴식을 얻으며 어디에도 종속되지 않은 행복한 사람이기 때문에 사람들을 끌어당기는 힘을 지녔다. 사람들은 누군가에게 빚을 지고 있거나 강요를 받을 때가 아니라, 끌어당기는 힘이 느껴질 때 상대에게 매료된다.

페이스북은 어떻게 이윤을 창출하는가
●

전혀 이기적인 행동을 하지 않는 사람은 없다. 그런데 이는 무료 서비스를 받을 땐 사실이 아닌 것처럼 보이기 쉽다. 소셜 미디어 분야에서 제일 큰 기업으로 자리매김한 페이스북의 사례를 살펴보자. 20억 명의 사용자는 페이스북 서비스를 무료로 이용한다. 매우 공익적으로 보이지만 마케팅적으로 생각해 본다면 얘기가 달라진다. 서비스는 무상으로 제공되었지만 대신 페이스북은 이용자들의 정보를 얻는다. 마케팅 역사상 가장 완벽한 광고 수단 중 하나이다.

가입할 때 당신은 좋아하는 것과 원하는 것을 직접 입력하고 자주 보는 정보를 공유함으로써 기업이 당신에게 맞춤형 광고를 제공할 수 있도록 한다. 광고를 게재하는 기업은 페이스북에 많은 돈을 지불하는데, 정확한 타깃 고객을 확보할 수 있기 때문이다. 가입할 때 스스로가 영리하다고 믿으며 자신이 좋아하는 것을 알려 주지 않았던 사람들도 시간이 흐르면서 자신의 행동을 통해 무언가를 내주게 된다. 이 플랫폼은 쉼 없이 당신의 활동을 주시하며 당신이 무엇을 클릭하는지, 어디에 어떤 댓글을 남기는지, 몇 시에 활발하게 움직이는지를 관찰한다. 이 과정을 통해 페이스북은 당신에 대한 꽤 정확한 프로필을 작성할 수 있으며 좋은 값을 받고 이 정보를 광고주에게 팔 수 있다.

동시에 소셜 미디어의 사례는 이기주의를 통해 모두가 이익을 볼 수 있다는 사실도 잘 보여 준다. 페이스북은 최대한 높은 매출을 달성하고 이윤을 남기려는 점에서 이기적이다. 이 기업은 고객의 요구를 만족시키고 이용자가 적극적으로 활동할 수 있도록 가능한 한 유용한 기능을 많이 제공하려고 한다.

사용자들은 자신이 누구인지, 무엇을 할 수 있고 어떻게 살고 있는지를 다른 사람들에게 보여 주고 싶어 한다. 그래서 자신이 좋아하는 것들을 페이스북에 알려 준다. 광고주는 사용자의 활동을 통해 광고에 활용할 수 있는 유용한 정보를 풍부하게 얻을 수 있다. 결과적으로 사용자는 자신과 관련 있는 광고만 보며 광고주는 비용을 아낄 수 있고 동시에 페이스북에 더 많은 돈을 지불할 수 있게 된다. 그러면 페이스북은 더 많은 수익을 얻음으로써 주주들에게 더 많은 배당을 할 수 있고 사용자에게 더 좋은 기능을 제공할 수 있다. 이기주의로 돌아가는 선순환 구조가 완성되는 것이다. 이기적인 동기에서 시작된 최적의 상호작용을 통해 모두가 이득을 얻는 모습은 여기에서 분명히 드러난다. 적어도 각자 자신을 위해 최대한 많은 것을 얻기 위해 애쓴다는 원칙을 이해한다면 그렇다.

나는 2005년부터 소셜 미디어 활동을 해왔는데, 주로 사업을 위한 것이었다. 성공을 위해 무언가를 생산해 내고 싶었기 때문이다. 그래서 페이스북과 인스타그램을 비롯한 많은 소셜 미디어를 나의 목적을 이루기 위해 활용하기 시작했다. 이 모든 서비스는 무료로 이용 가능한데 이는 기업들이 나의 정보와 사용 기록을 가지고 이윤을 창출하고 있다는 뜻이었다. 나는 그것을 역으로 이용하여 플랫폼을 통해 이익을 얻고자 노력했다. 나라는 사람, 나의 브랜드, 나의 책을 홍보하기 위해 플랫폼을 충실하게 활용했다. 이 플랫폼들은 지난 15년간 나의 정보를 활용하여 많은 돈을 벌었을 것이다. 나는 그보다 더 많은 이득을 얻을 수 있도록 온 힘을 다했다. 나에게 그건 수십억 원의 가치가 있었다.

이 플랫폼을 통해 지금까지도 친하게 지내거나 현재 나를 위해 일해 주고 있는 훌륭한 사람을 많이 만났다. 또한 이 수단을 통해 수십만 명의 사람에게 나의 메시지를 전할 수 있다. 예를 들면 텔레비전 방송에서도 소셜 미디어에 올라간 나의 정보를 활용하여 정보를 전달함으로써 나의 브랜드를 수백만 번 확산시키고 있다. 내 입장에서 이는 괜찮은 거래이다.

인내심과 마시멜로 효과
●

이기주의자는 인내심을 가진 자들이다. 그들에게는 자주성을 유지하는 것, 그리고 강요나 협박에서 자유로운 상태가 굉장히 중요하기 때문이다. 인내심이 없는 사람은 종속적이며 그들에게는 강요나 협박이 통한다. 반면 인내심이 강한 사람은 즉각적인 만족에 의존적이지 않다. 이로써 공격받을 가능성이 있는 요소도 줄어든다.

1960년대에 스탠포드대학교에서 이루어졌던 마시멜로 실험은 충동을 제어하는 능력이 개인의 성공에 얼마나 중요한 영향을 미치는지를 보여 준다. 이 실험을 통해 심리학자 월터 미셸은 세계적으로 유명해졌다. 한 어린이집에서 진행한 이 실험이 놀라서 놀라운 결과를 확인했기 때문이다. 실험은 다음과 같은 방식으로 진행되었다. 실험 대상인 어린이들에게는 마시멜로가 주어졌으며 실험 진행자는 그 아이에게 자신이 이 방을 나갔다가 다시 돌아오기 전까지 첫 번째 마시멜로를 먹지 않고 기다린다면 마시멜로 한 개를 더 주겠다고 약속했다.

마시멜로를 먹고 싶은 충동을 억눌렀던 아이들은 그 충동을 참지 못하고 눈앞의 마시멜로를 바로 먹어 버린 아이들보다 근본적으로 더 성공적인 삶을 살고 있었다. 미셸은 장기 연구를 통해 자기 제어를 더 잘하는 아이들은 나중에 경계선 인격 장애를 겪을 확률이 더 적고 약물에 중독될 확률도 더 적다는 것을 발견했다. 이러한 결과가 나온 원인으로는 자기 제어의 주요한 부분인, 보상에 대한 유예가 꼽힌다. 이는 단번에 이해할 수 있는 결과이다. 계속해서 단기적인 목표만 이루고 그 과정에서 장기적인 목표를 등한시한다면 후자를 이루기는 어려워질 것이다.

예를 들어 당신이 비싼 물건을 장만하기 위해 돈을 모으는 대신 계속해서 수중에 있는 돈을 다 써버린다면 어떻게 될까? 나중에는 원하던 비싼 물건을 사기 위한 자금이 충분치 않아 은행에서 대출을 하게 되는 등 경제적으로 누군가에게 의존해야 하는 상황이 될 것이다. 장기적으로 보았을 때 이것은 훨씬 더 비싼 선택지이다. 대출금에는 이자가 붙기 때문이다. 만약 당신이 단기적인 만족감을 주는 대상에 돈을 써버리지 않고 모았다면 전체적으로 보았을 때 훨씬 더 절약할 수 있었을 것이다.

악기를 배우고자 할 때도 이와 마찬가지로 즉각적인 충동에 굴복해서는 안 된다. 처음에는 악기를 연주하고 싶은 마음이 매우 커서 배우기 시작했더라도 배우는 내내 그 동기를 뚜렷하게 느낄 수 있는 것은 아니다. 배우는 과정에서 좌절하게 될 수도 있다. 그리고 소파와 텔레비전도 당신을 끊임없이 유혹할 것이다. 하지만 당신이 충분한 자기 제어 능력을 발휘한다면 그 무엇도 그 누구도 당신의 길을 막을 수 없을 것이다.

만약 당신이 기업을 세우려고 한다면 신중한 성장이 이뤄질 수 있도록 주의를 기울여야 한다. 창업 과정에서 인내심을 갖고 단기적 성과만을 가져다주는 불필요한 위험 요소를 끌어들여서는 안 된다. 다양한 제안과 협력 문의에서 한 발짝 물러나 냉철하게 생각하자. 단기적으로는 정말 좋은 제안처럼 들리는 것이, 장기적으로는 당신의 목표에 부정적인 영향을 미칠 수 있다. 이것은 집중의 법칙과도 관계가 있다. 여러 마리 토끼를 쫓으려는 개는 결국 한 마리도 잡지 못한다. 모든 새로운 아이디어에 관심을 갖고 그럴 때마다 자신의 방향을 바꾸는 사람은 성공할 수 없다. 그러므로 당신이 인생에서 최대한의 행복을 추구하고 싶다면 더 큰 목표를 이루기 위해 때로는 자신의 욕구를 뒤로 미룰 줄도 아는 인내심이 대단히 중요하다.

의존하지 않는 삶
●

초조함과 성급함은 대부분 타협과 결부되어 있다. 하지만 이기주의자라면 양보와 용인은 최대한 피하도록 하자. 당신은 케이크 전부를 원하는 것이지, 한 조각만을 원하는 게 아니지 않은가. 타협은 결국 당신이 도전으로부터 한 걸음 멀어지는 걸 뜻하기도 한다. 어쩔 수 없이 타협을 해야 하는 경우도 종종 있지만 모든 당사자가 만족할 만한 타협을 이루는 것이 당신의 주목표가 되어서는 안 된다. 이것은 너무 평균적이다. 연인이 당신을 선택한 것이 혹은 배우자가 당신과 결혼한 것이 최고의 타협이었다고 말하는 상황을 상상해 보자. 어떤 기분이 들겠는가? 타협이 올바른 선택인 경우는 거의 없다. 나는 내 인생이 내게 줄 수 있는 최대치, 최고치를 얻어내고 싶다. 그것이 가능하려면 양보하는 상황은 최소화해야 한다. 잘못된 이해로 타협함으로써 결국에는 모든 당사자가 원하는 바를 얻지 못하는 상황은 절대 있어서는 안 된다.

모든 일은 협상으로 이루어진다. 그러므로 당신은 항상 우위를 점하도록 노력해야 한다. 누군가가 당신을 제재하며 한계선을 그을 때까지 얻을 수 있는 최대한을 얻어내야 한다. 어떤 상황에서도 강요와 협박이 통할 틈을 주어선 안 된다. 틈을 주지 않으면 상대는 당신을 특정 방향으로 몰아가거나, 상대가 만족할 만한 상황을 당신에게 요구할 근거를 찾지 못한다.

사람들이 자진해서 의존적인 존재가 되는 대표 사례가 바로 신용 대출이다. 신용 대출은 자신이 무언가를 갖고 싶지만 사실은 그것을 가질 능력이 되지 않는 인내심이 부족한 사람들을 위한 것이다. 그럼에도 매일이 수백만 명의 사람들이 마치 무언가를 바로 가질 수 있는 것처럼 유혹하는 금융 산업의 속임수에 빠진다.

사람들의 인내심 부족은 수만조(萬兆) 원을 부르는 사업이다. 그렇다, 당신은 단위를 제대로 읽은 것이 맞다. 2017년 알리안츠 글로벌 웰스 리포트(독일 보험사 알리안츠 그룹이 발표하는 세계 50여 개국 가계의 자산과 부채 상황을 분석한 보고서 – 옮긴이)에 따르면 전 세계의 가계 부채는 56000조 원에 달한다. 신용 대출처럼 이 정도의 수입을 벌어들이는 동시에 중독성을 지닌 사업은 거의 없다.[33]

사람들은 다양한 이유에서 돈을 빌린다. 자택을 구입하는 경우도 있지만 몰디브로 휴가를 떠나기 위해 돈을 빌리기도 한다. 더 심각한 건 많은 사람들은 본인에게 필요하지도 않은 물건을 별로 좋아하지도 않는 사람에게 깊은 인상을 주기 위해 산다는 것이다. 이 사람들은 두 가지 대상, 즉 채권자와 다른 사람의 인정에 의존적인 사람들이다. 어쩌면 당신은 은행에 할부금을 갚지 못했을 때 어떤 일이 일어나는지를 이미 직접 겪었을 수도 있다. 은행은 곧바로 지독하게 대응하며 즉각적이고도 단호하게 협박한다. 이는 당신의 태도와 사고 능력에 부정적인 영향을 끼칠 뿐만 아니라 자존감과 기분을 파괴한다. 이것 때문에 셀 수 없이 많은 가족, 친구, 연인, 부부가 파국을 맞게 된다는 사실은 매우 슬프다.

이기주의자는 자신을 이러한 부담에서 해방시킨다. 혹은 애초부터 이러한 상황이 되도록 만들지 않는다. 가끔 태어날 때부터 타고난 인내심을 지닌 사람도 있지만 대부분은 훈련을 통해 인내심을 길러야 한다. 돈을 충분히 벌어서 현금으로 어떤 물건을 값을 치를 수 있을 때에만 그 물건을 구입해야 한다. 그리고 자신이 지속적으로 대금을 지급할 능력이 될 때에만 (예를 들면 임대차 계약과 같은) 지속적 의무 계약을 체결한다.

놓아주기의 법칙
●

이미 억압적인 상황에 놓인 경우에는 어떻게 해야 할까? 인내심과 직접적으로 연관된 법칙이 한 가지 있다. 그것은 놓아주기의 법칙이라고 불린다. 당신이 강요된 상황에 놓여 있고 어떤 대상에 의존해야 하는 입장이라면 그것을 놓아줘라. 안간힘을 다해 당신을 억누르는 대상을 붙잡느니, 차라리 놓아줌으로써 자유를 되찾아라.

"공포스러운 끝이, 끝이 없는 공포보다 낫다"라는 말이 있다. 이러한 격언이 있는데도 극소수의 사람만이 이 원칙에 따라 행동한다. 대다수는 어리석은 행동을 반복하며 살아간다. 당신에

게 빛과 불면증을 가져다주는 녹지 위의 전원주택보다 당신의
자유가 더 소중하다. 당신이 결과적으로 훨씬 더 가치 있는 것을
얻기 위해 무언가를 놓아주어야 하는 상황은 꽤 자주 일어난다.
자연의 힘은 빈 공간을 채우려는 속성을 지녔다. 당신이 무언가
를 놓으면 새로운 것(대부분의 경우 더 나은 것)이 그 자리를 채울 것이
다. 하지만 일단은 그것이 들어올 자리가 마련되어야 한다. 놓아
주기가 항상 우리에 의해 능동적으로 이루어지는 것은 아니지만
그것은 항상 우리를 위해 이루어진다.

테오 피셔가 쓴 『무위(Wu-wei)』에서 이와 굉장히 비슷한 생각
을 읽을 수 있다. 저자는 자신의 집이 불에 타도 그리 심각한 것
이 아니라고 말한다. 더 좋은 일이 일어나려고 그렇게 되었다는
걸 확신할 수 있기 때문이다. 이기주의자도 놓아주기의 법칙을
긍정적인 것과 연관짓는다. 당신이 어떤 것을 놓아줌으로써 종
속성을 제거하면 상대는 당신을 억압하거나 당신이 특정 행동을
하게끔 만들 수단을 잃게 된다. 『미르다드의 서』에는 다음과 같
은 단락이 나온다. "사람은 자신이 붙잡는 모든 것에 붙잡힌다.
무언가에 잡히지 않고 싶다면 사물을 잡고 있는 손을 놓아라."[34]

마케도니아 왕국의 알렉산더 대왕을 둘러싼 많은 신화와 이
야기가 있다. 알렉산더는 정복자였으며 사람들의 목숨을 빼앗는
짓을 주저하지 않았다. 하지만 자신 앞에 아무런 저항도 하지 않
고 나체로 서 있던 걸인을 마주했을 때 그는 걸인을 죽이지 못

했다. 걸인은 알렉산더가 당장 그 자리에서 검을 뽑아 자신을 죽이더라도 전혀 상관이 없으며 그것은 알렉산더의 자유라고 말했다. 알렉산더 대왕은 그런 태도를 처음 보았다. 그동안 상대해왔던 사람들은 항상 그의 자비를 바라고 목숨을 살려 달라고 애걸했던 이들이었다. 그들은 죽음에 저항했으며 알렉산더는 오히려 그들이 저항했기에 더 쉽게 죽일 수 있었다. 반면 더 살아갈 마음이 없고 모든 것을 놓아버린 그 걸인은 알렉산더 대왕에게 공격할 틈을 주지 않았다. 아무리 애를 써도 알렉산더 대왕은 걸인의 목을 칠 수 없었다.

최악의 상황에서 어떤 일이 일어날지, 그 상황을 극복하는 것이 가능한지 스스로에게 물어보자. 어떤 길을 택해도 어려우므로 자신이 선택한 길을 가자. 실제로는 당신이 상상했던 심각한 일이 전혀 일어나지 않을 확률이 높다. 우리가 속으로 상상했던 규모의 악몽은 보통 현실에서 일어나지 않는다.

당신은 어쩌면 불편한 대화를 해야 하는 상황이나 곤란한 상황에 놓이게 될 수도 있다. 하지만 그것들은 우리가 마음속으로 그렸던 것만큼 불편하지는 않을 것이다. 앞쪽으로 탈출하는 것은 항상 그나마 최선의 선택이 되어 준다. 고통과 친해지자. 선택에 따르는 모든 결과를 두 팔 벌려 받아들이자. 그리고 이렇게 말하자. "나는 더 이상 그걸 원하지 않아. 나는 거기에 더 이상 관심이 없어. 나한테는 상관없어. 당신들은 당신이 원하는 대로

해." 그렇게 하면 권력관계가 뒤바뀌는 놀라운 경험을 하게 될 것이다. 이렇게 함으로써 당신은 상대편에게 공을 넘긴 셈이다. 이제 앞으로 어떻게 할지는 상대가 결정해야 한다. 어림잡아 열 번 중 여덟 번의 경우, 상대는 예전 같았다면 하지 않았을 제안을 당신에게 할 것이다. 이것은 모두 상대가 당신을 더 이상 압박하지 못하게 된 덕분이다.

사람들은 쾌감을 얻거나 고통을 피하는 두 가지 방식으로만 행동한다. 당신은 이런 본능 스위치를 꺼야 한다. 그렇지 않으면 두 가지 선택만을 하며 조종당하기가 쉽기 때문이다. 결과를 생각하지 않고 빠르게 쾌감을 얻으려고 하거나 고통을 피하는 선택을 하면 타인의 강요와 억압에서 자유롭지 못하다. 습관에서 벗어나 확고하게 당신의 길을 가자.

가장 좋은 친구는 자신이다
●

연인 간의 관계 그 자체는 이기적인 동기 요인에 의한 것이다. 사람들은 다음과 같은 전제 아래 관계를 시작한다. "나는 이 사람과 함께 있고 싶어. 나는 이 사람을 내 인생에 두고 싶어." 최악의 경우, 어떤 이는 다음과 같은 기대를 하기도 한다. "나는 이 사람이 나를 행복하게 해줬으면 좋겠어." 이것은 관계의 기반이 되는 모든 전제 중에서도 가장 최악의 전제이다. 자신의 행복을 결정짓는 권한을 타인의 손에 넘기는 태도이기 때문이다. 그럼에도 이 세상에 존재하는 무수한 연인 관계 중 압도적인 비율의 커플들이 바로 이러한 잘못된 전제에서 출발하고 유지된다.

대부분의 사람은 오로지 상대방에게 사랑을 돌려받기 위해 상대를 사랑한다. 이때의 사랑은 실질적으로 느껴지는 감정이 아니라 일종의 책략이다. 사랑을 주고 싶기만 한 것이 아니라, 사랑받는 느낌을 느끼고 싶은 것이다. 당신은 항상 자신과 가장 강력하고 좋은 관계를 유지해 나가야 한다. 당신의 삶에서 유일한 상수는 당신이다. 안타깝지만 다른 모든 이들은 우리의 삶에서 신의 변수일 뿐이다. 사랑하는 사이, 부부 관계에서도 모두 마찬가지이다.

대부분 연인 관계는 언젠가 이별로 끝을 맺는다. 독일에서는 부부의 연을 맺은 커플조차도 50퍼센트 정도는 이혼한다. 가족 관계조차도 영원하다고 할 수 없다. 사람들은 언젠가 죽게 마련이고 살아 있는 가족 구성원들 사이에서도 돌이킬 수 없는 갈등 상황이 발생하기도 한다. 마지막에는 결국 자신만이 남는다. 당신이 스스로를 사랑하지 않고 자신과 친밀한 관계를 맺지 않는다면 이 세상의 그 무엇도 당신을 행복하게 만들 수 없다.

좋은 관계란 무엇인가?

....

풍요롭고 충만한 관계는 양측이 모두 스스로와 좋은 관계를 맺고 있을 때 가능하다. 자신을 사랑하는 사람만이 다른 사람도 사랑할 수 있기 때문이다. 스스로 힘이 없으면 어느 누구도 도울 수 없다. 지갑이 비어 있는 사람은 누군가에게 돈을 줄 수 없다. 사랑을 지니고 있지 않은 사람은 타인에게 사랑을 줄 수 없다. 이 세상이 아무리 거대하고 대단해 보이더라도 모든 것은 당신 자신으로부터 시작된다. 결국 당신의 입장에서는 세상이 당신을 중심으로 돌아간다. 삶이 사랑으로 가득 찰 때 그 사랑이 다른 사람에게도 전달된다.

유리잔을 상상하면 된다. 이 유리잔은 당신의 기분과 사랑을 담는 그릇이다. 이제 이 유리잔에 물을 부어 보자. 그릇이 사랑으로 차기 시작한다. 유리잔의 끝까지 물이 차오르는 순간, 자신에 대한 사랑으로 가득 찬 상태가 된다. 이 상태에서 물을 계속 부으면 사랑은 유리잔 밖으로 넘치도록 흘러 다른 사람에게로 갈 수 있다. 다른 사람과의 관계를 돌본다는 이유로 당신의 유리잔을 채우는 일을 멈추면 안 된다. 주는 사람은 다시 채우기도 해야 한다.

혼자 있는 것을 두려워하는 사람들을 아는가? 이 사람들은 에너지를 빨아들이는 위험한 사람들이다. 이 사람들은 다른 사람들의 존재 또는 특정 사람의 존재에 의존적이다. 이들은 당신이 숨 쉴 틈조차 없도록 당신을 휘감을 것이다. 반면 이기주의자는 홀로 있는 시간을 잘 보낼 줄 알며 자신과의 관계를 친밀하게 가꾸고 다듬는다. 이들은 자기 안에서 든든하고 사랑스러운 동반자를 찾을 수 있으므로 기꺼이 혼자만의 시간을 보낸다. 외로움을 느끼는 것과 홀로 있는 것 사이에는 하늘과 땅만큼의 차이가 있다. 매슬로의 욕구단계설에 따라도 인간에게는 기본적으로 사회관계를 맺으려는 욕구가 있다. 인간은 타인과 있고자 하며 어떤 집단에 소속되고자 한다.

세상에 나 홀로 존재하며 어느 누구와도 대화할 수 없는 것은 외로운 상황이다. 우리는 다른 사람들과의 상호작용이 필요한 존재이다. 이것은 우리의 발전과 평가를 위해서도 필요하다. 하지만 자신이 가치 있는 존재라는 사실을 확인받기 위해 반드시 누군가와 함께 있어야만 하는 사람은 자존감이 낮은 사람이다. 약물과 마찬가지로, 그 정도가 적정량을 초과하면 독이 된다.

나는 특히 요즘의 젊은 Z세대에게서 혼자 있는 것을 두려워하는 경향을 발견했다. 나는 유튜브, 페이스북, 인스타그램과 같은 여러 소셜 미디어 플랫폼상에 계정을 갖고 있다. 비교적 새로운 플랫폼인 틱톡이 독일에 막 자리를 잡기 시작할 때, 나는 그곳에도 계정을 개설했다. 틱톡 이용자들은 주로 매우 어리고 젊은 사람들이며 대부분이 (1997년에서 2012년 사이에 출생한) Z세대에 속한다.

나는 내 일상을 찍은 비디오 영상을 이곳에 업로드하기 시작했다. 가끔은 나의 일상이 다소 고고해 보이는 것이 사실이다. 개인 제트기를 타고 계약서를 면밀하게 살펴보는 모습, 헬리콥터에서 내리는 모습, 지중해에서 호화 요트를 타고 있는 모습, 5000명의 관중을 대상으로 연설하기 직전 백스테이지에서의 모습 등등이 영상에 담겨 업로드되었다. 나는 성공이 가져다준 내 삶의 모습이 부끄럽지 않고 이러한 생활을 사실 매우 즐기고 있기 때문에 이 모습을 숨겨야 할 이유가 없다고 생각했다.

그래서 틱톡 이용자들이 나의 게시물에 보인 반응에 깜짝 놀랐다. 심지어 경악했다고 표현할 수도 있을 것이다. 그곳에는 "부자들은 나쁘다"라는 댓글 외에도 "이 사람 매우 외로워 보인다"라는 댓글이 굉장히 자주 눈에 띄었다. 나의 게시물 아래 달린 댓글들은 그 댓글을 남긴 사람들이 얼마나 혼자 있는 것을 두려워하는지 보여 주었다. 이것은 예전에 토크쇼에 나갔을 때 내 맞은편에 앉아있던 철학자가 말한, 나의 이기주의가 나를 외롭게 만들 것이라는 생각과 동일한 맥락의 주장이었다.

그곳에 남겨진 발언들은 단지 나라는 사람에게 그들의 두려움이 투사된 것뿐이다. 장담하건대, 나보다 더 많은 사람과 알고 지내며 나처럼 많은 이들을 만나는 사람은 거의 없을 것이다. 매일 상황에 따라 다르기는 하지만 나는 하루에 100명을 상대해야 할 때도 있다. 게다가 나는 항상 우리 회사의 직원들과 나를 보좌해 주는 사람들에 둘러싸여 있다. 그리고 결혼 생활도 행복하게 하고 있다. 하지만 새로운 사람들을 사귀거나 그들과 시간을 보내는 것을 좋아하는 만큼, 나는 혼자 보내는 시간, 홀로 생각할 수 있는 시간도 즐긴다.

큰 성공을 거둔 사람들 중 압도적으로 많은 이들은 삶에서 전진하기 위해서는 어느 정도의 고요와 평온이 필요하다는 사실을 내게 확인시켜 주었다. 늘 주의를 산만하게 하는 요인이 있고 주변에서 무슨 일인가가 벌어지는 사람은 아무것도 성취할 수 없다. 우리는 오늘날 오락거리가 그 어느 때보다도 많은 세상에 살고 있다.

미국의 골프선수 톰 카이트가 말했던 것처럼, "우리는 항상 집중을 방해할 만한 요소를 주변에서 발견할 수 있다." 스마트폰, 소셜 미디어, 텔레비전 덕분에, 우리는 원하기만 하면 미디어에 노출되는 상황을 24시간 동안 지속할 수 있다. 이 모든 것들은 우리로 하여금 우리의 내면 우리의 본질, 우리의 소망과 욕구로부터 멀어지게 만든다. 그러다 누군가가 정신을 가다듬고 온전히 자신에게 집중하여 홀로 있는 시간을 가꾸기 시작하면 그는 그 즉시 별난 사람이라는 낙인이 찍힌다. 하지만 외롭다고 느끼는 것과 혼자 시간을 보내는 것 사이에는 어마어마한 차이가 있다.

다른 사람들이 무슨 이야기를 하든, 당신은 명확하고 명쾌한 사고력을 지녀야 한다. 비범한 일들을 해내기 위해서, 아니면 최소한 행복한 사람이 되기 위해서는 감정도 긍정적인 상태로 유지해야 한다. 다른 사람들이 물어보지도 않은 그들의 걱정과 곤란한 상황에 대해 끊임없이 털어놓는다면 어떻게 비상한 성과를 이뤄내거나 행복해질 수 있겠는가? 말하는 사람은 부담에서 벗어나겠지만 대신 당신이 그 무거운 짐을 지니고 다녀야 한다.

자신의 감정 상태는 자신이 책임져야 한다. 어떤 사람이 묻지도 않고 다짜고짜 자신의 걱정거리를 털어놓기 시작한다면 당장 중지시켜라. 처음에는 "죄송합니다만 지금 그 이야기를 들어줄 수가 없습니다"라는 말을 입 밖에 꺼내기가 영 어색하고 상대는 당신이 어처구니없다고 생각할지도 모르지만 가능하다면 재빠르게 화제를 바꾸거나 그 장소에서 벗어날 수 있도록 하자. 이러한 태도는 장기적으로 당신의 행복과 건강에 큰 차이를 만들어 줄 것이다.

단기적으로는 어리둥절한 표정을 많이 마주치게 될지도 모르겠다. 하지만 당신이라면 계속해서 손에 개똥을 묻히겠는가? 당연히 아닐 것이다. 그렇다면 어째서 당신의 머리에 다른 사람들의 정신적 오물을 담으려는 것인가? 앞에서 설명한 내용은 정신적인 청결함을 유지하는 방법과 같다.

서로를 존중하는 건강한 관계

●

이기주의자는 관계를 오래 지속하지 못하는 외톨이라는 것이 우리 사회의 통념이다. 하지만 이는 완전히 잘못된 주장이다. 이기주의자만이 종속적이지 않은 건강한 관계를 맺고 유지할 수 있다. 이것은 증명할 수 있는 사실이다.

서로를 존중하는 조화로운 관계를 유지하는 것은 쉬운 일이 아니다. 연인 관계를 시작할 때는 모든 호르몬 작용과 각자의 눈에 쓴 콩깍지가 제 역할을 한다. 이 시기에도 비록 몇 가지 갈등과 사건이 있지만 일반적으로는 별로 신경 쓰지 않는다. 아직까지는 모든 것이 너무 흥분되는 단계이다. 옥시토신, 도파민, 세로토닌이 배합된 호르몬 칵테일은 두 연인을 황홀하게 만들어 줌으로써, 부정적인 것들은 철저하게 보이지 않게 해준다. 우리는 연애 초기에, 삶의 다른 국면에서도 흔히 범하는 오류를 범하고 만다. 머릿속에 어떤 생각을 심고 그 이후부터는 그 결정을 뒷받침하는 긍정적인 근거만 찾는 것이다. 현실 감각을 잃는 것이다.

2년이 지나면 호르몬은 진정되고 가장 이상적인 경우라면 열애는 사랑과 친밀함으로 변화하는 단계로 접어든다. 이때 우리는 서서히 상대방의 있는 그대로의 모습을 받아들이기 시작한다. 상대를 뾰족한 면도 거친 면도 지닌 평범한 사람으로 보는 것이다. 우리 자신이 그런 것처럼, 장점과 단점을 모두 지닌 사람으로 보기 시작한다.

통계에 따르면 5년에서 7년 사이에 연인에게 특히 비판적으로 대한다고 한다. 이 단계에서는 많은 사람들이 관계에서 깊은 불만족을 느낀다. 가장 많이 헤어지게 되는 시기도 이때이다. 그럼에도 그 관계를 유지하면 많은 논리적 이점과 감정적인 장점이 있다. 관계를 유지하거나 부부로 사는 것은 금전적으로도 더 이롭다. 비용을 나눠서 부담하게 되고 결혼생활에서는 세금이 더 절약되기 때문이다. 많은 경우 둘 중 한 사람은 다른 사람보다 월급이 적다. 즉 한쪽의 가계 기여도가 더 낮다. 당신은 더 많이 버는 사람이 손해라고 생각할 수도 있다. 하지만 두 사람의 수입을 합치면 결과적으로는 가계 전체의 수입이 높아지므로 더 적게 버는 사람은 원래 자신의 수입에 적용되는 낮은 과세 등급 적용을 포기한다(독일에서는 부부가 세금을 낼 때 각 개인의 연봉이 아닌, 합산하여 조정된 연봉에 세금을 책정함으로써 세금 감면 혜택을 준다-옮긴이). 이는 많은 부부가 일상적으로 실천하는 거래이다.

물론 사람 간의 관계가 지속되기 위해 가장 중요한 요소는 감정이다. 상대와 함께 일궈 나가는 것이 가정이든, 삶의 방식이든, 프로젝트이든, 기업이든, 자신의 편인 친숙한 누군가가 있고 그 사람과 함께 무언가를 쌓아 나갈 수 있다는 것은 매우 좋은 기분을 안겨 준다. 누군가와 함께하는 경험은 주로 혼자 하는 경험보다 더 가치 있다. 이기주의자는 자주성의 소중함을 잘 알면서도 혹은 소중함을 알기 때문에 더욱더, 사랑이 충만한 관계를 경험하고 즐길 줄 안다.

이기주의자는 자신과 좋은 관계를 맺는다. 자신을 매우 소중하게 여기며 존중하고 스스로에게 좋은 친구가 되어 준다. 이기주의자는 스스로 충만하고 완전하다고 느낀다. 그래서 그는 다른 사람과 건강한 관계를 맺기 위해 모든 가능성을 활용하는 것이 어렵지 않다. 자신이 완전하다고 느끼기 위해 상대에게서 무언가를 바라지 않는다. 이기주의자는 행복을 느끼기 위해 상대가 필요하지 않기 때문에 그들의 인생 동반자는 그의 행복이 자신에게 달려 있다는 어떤 압박도 느끼지 않는다. 따라서 일정 수준의 균형을 유지하는 일은 매우 중요하다. 두 사람 중 누구도 관계를 부담으로 느껴서는 안 된다. 존중의 결여는 관계가 깨지는 가장 큰 원인 중 하나이다.

4장

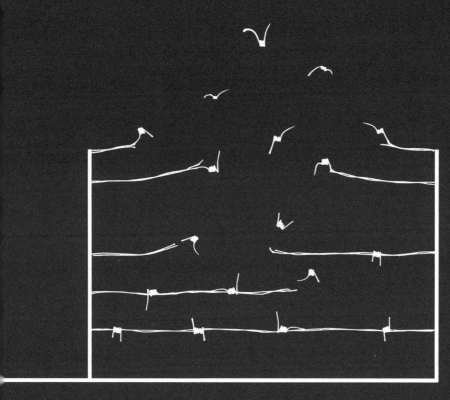

이기적 삶의 즐거움

상대가 나를 존중하지 않는 상황을 내버려 두지 말자.
모든 상황에서 결정권자는 나 자신이어야 하며
어느 누구도 당신에게 마음대로 상처를 줄 수 없다.

부동산 중개업자인 플로리안은 나의 친한 친구이며 업계에서 큰 성공을 거둔 인물이다. 나는 그가 한 집안의 가장으로서 얼마나 힘든 시기를 보냈는지 옆에서 지켜보았다. 그는 성공하고 싶었다. 그러려면 과거에 습득한 사고방식과 기존 환경에서 벗어나기 위해 단계적으로 노력을 기울여야 했다. 겸손하고 소박한 부모님의 영향을 많이 받으며 자랐기에 그것은 쉽지 않은 과정이었다. 그는 차근차근 이기주의자가 되는 법을 배웠다. 처음에는 작은 부동산 회사에서 중개인으로 일하기 시작했고 곧 그 회사를 거의 홀로 일으켜 세우다시피 했다. 어마어마한 에너지로 연달아 계약을 체결하는 그의 모습은 놀라웠다.

부동산 사업에서는 두 가지가 매우 중요하다. 첫 번째는 소유주를 설득하여 중개인에게 거래를 의뢰하게 만드는 것이다. 이로써 중개인은 팔 수 있는 상품을 얻게 된다. 두 번째는 그렇게 얻은 부동산을 살 사람을 찾아 나서는 것이다. 중개인을 통해 거래가 성사되면 부동산 회사는 구매자에게 중개 수수료를 청구한다. 독일에서는 부동산 금액의 5.95퍼센트를 중개 수수료로 지급해야 한다. 예를 들어 부동산을 통해 집을 7억 원에 거래했다면 수수료는 4165만 원이 된다. 내 친구는 회사를 위해 많은 계약을 체결했고 부유한 고객들을 다수 확보했다. 하지만 그는 총 중개 수수료의 40퍼센트밖에 가져가지 못했다. 나머지는 회사의 몫이었다.

점점 더 많은 계약을 체결하면서 자신의 가치를 알게 된 플로리안은 더 많은 몫을 가져가고 싶었다. 그는 실질적으로 자기 혼자 그 회사를 일으켜 세웠고 회사 매출에 가장 큰 기여를 한 사람이 자신이라는 걸 잘 알고 있었다. 일 년에 겨우 한 건의 거래를 성사시키는 사람보다는 본인이 더 높은 비율로 수수료를 받아야 한다고 생각했다. 회사 대표는 플로리안의 제안을 받아들이지 않았다. 단지 자신보다 실적이 낮은 동료보다 조금 더 높은 비율로 수수료를 가져가길 원했던 것인데 말이다.

결국 플로리안은 더 큰 부동산 회사로 이직하기로 했다. 마침 이 부동산 회사는 그가 사는 도시에 새 지점을 열고 직원으로 일할 유능한 사람을 찾고 있었다. 수십억 원의 매상을 올리는 플로리안은 회사에서 환영하는 인재였다. 그곳에서도 플로리안은 에너지 넘치게 일했으며 지점 매출의 많은 부분을 책임지게 되었다. 그는 유명한 고객을 많이 확보했다. 하지만 새 회사는 플로리안의 예전 회사보다 그를 홀대했다.

그사이 플로리안은 부동산 업계를 꿰뚫게 되었고 자신의 가치가 어느 정도인지 스스로 깨달았다. 그가 체결하는 수십억 원의 계약은 그 누구도 이루지 못하는 성과였다. 그의 자존감이 높아진 것은 새로운 주변 환경 덕분이기도 했다. 일을 하면서 성공을 거둔 사람을 많이 알게 되었고 이들은 모두 이기주의자였으며 플로리안에게 자신의 가치를 지키는 법을 자연스럽게 가르쳐주었다. 결국 플로리안은 직접 부동산 회사를 세웠다. 그는 수수료 전액을 자신의 계좌로 송금할 수 있게 되었다. 회사는 급속도로 성장했다. 직업 교육도 받지 않고 가정의 생계를 위해 치열하게 일하던 젊은 청년은 서른다섯 살이 채 되기도 전에 자신의 시장 가치를 깨닫고 수십억 원을 버는 명망 있는 사업가로 성장해 있었다.

당신의 시장 가치는 얼마인가?

●

당신의 가치가 어느 정도인지 가늠하고 그에 맞는 대우를 요구해야 한다. 이 과정에서 당신의 시장 가치는 꾸준히 상승한다.

하고 있는 일을 더 잘하게 될수록 고객이나 고용주는 이익을 얻는다. 물론 당신의 상상 속에서만 일을 잘하는 게 아니라, 실제로도 더 나은 성과를 낸다는 것을 전제해야 한다. 그리고 당신이 그 일을 할 때 행복해야 한다.

만약 오로지 돈을 벌기 위해 일하고 직업적인 성과에는 전혀 흥미가 없다면 당신의 임금은 위자료나 보상금에 가깝다. 당신은 스스로에게 더 많은 즐거움을 가져다주면서 돈을 벌 수 있는 일이 없는지 자문해 보아야 한다. 하고 있는 일에 재미를 느끼면 그 분야에서 계속 성장하고 나날이 발전하는 것도 쉬워진다.

상대의 요구 사항을 충족시킬수록, 당신의 임금 또한 높아져야 한다. 당신은 가능한 한 높은 금액의 임금을 요구해야 한다. 그 경계선이 어디인지 궁금한가? 당신이 요구한 만큼의 대가를 지불할 사람이 아무도 없다면 그 지점이 바로 그 경계이다.

뉴욕, 런던, 파리, 제네바, 홍콩에 사무실을 두고 있는 유명한 경매 회사 소더비즈(Sotheby's)를 떠올려 보자. 이곳에서는 예술작품이나 보석에 값을 매긴다. 물건에 관심이 있는 사람들끼리 경쟁하면서 더 높은 값을 부르고 입찰자가 가격을 외칠 때마다 경매사는 더 높은 가격을 부를 사람이 있냐고 묻는다. 더 높은 가격을 외치는 사람이 없을 때까지 반복해서 질문한다. 당신이 임금 협상을 할 때도 이런 방식으로 진행해야 한다. 가능한 한 많은 금액을 받을 수 있도록 노력해야 한다. 그 금액이 경쟁자나 동료들의 평균 임금 수준을 훨씬 더 뛰어넘더라도 그렇게 해야 한다.

처음에는 높은 금액을 요구하는 자신이 거만하게 느껴질 수 있다. 그럴 때마다 당신이 회사에 제공하는 가치를 생각하자. 당신의 성과를 통해 회사가 많은 이익을 얻는데, 어째서 당신이 이익을 얻어서는 안 되는 것인가? 그에 대한 합당한 임금을 요구하는 것은 바람직한 일이다. 이 과정을 통해 당신은 자존감이 지속적으로 높아질 것이다. 마땅한 임금을 받는 것은 당신의 성과가 인정받았다는 점에서 자존감을 높인다.

작곡가이자 프로듀서인 디터 볼렌이 내게 했던 말이 있다. "나에게 돈은 인정을 의미합니다. 수표나 계좌이체로 송금을 받았을 때 잠시 기뻐하다가 이런 생각을 합니다. '내가 성과를 낸 것이 분명해. 그렇지 않다면 이만큼의 돈을 받지도 않았겠지.' (……) 예전에 인스타그램의 댓글에서 이런 문장을 읽었습니다. '나도 이렇게 쉽게 돈 벌었으면 좋겠다.' 댓글을 남긴 사람은 내가 안경을 파는 모습을 보았겠죠. 내가 안경을 팔아 돈을 벌 수 있는 이유는 지난 40년간 엔터테인먼트 사업에서 성공한 덕분인데, 사람들이 그 부분은 보지 못합니다."

당신이 스스로에게 1억 5000만 원이라는 가격을 매기고 점점 더 좋은 실적을 낸다면 당신의 가격을 올려보자. 5억 6000만 원까지 올렸는데 아무도 당신에게 돈을 금액을 지불하지 않는다면 현재로서는 거기가 한계이다. 그럼 그때 친절을 베풀며 가격을 4억 9000만 원으로 낮추자. 상대는 제안을 받아들일 것이다. 그 뒤 당신의 가치를 더욱 높이는 데에 집중하고 다시 더 높은 연봉을 요구하자.

단, 의존적인 것은 절대 좋지 않다. 상대가 당신의 요구를 들어주기 어려운 경우에는 순식간에 손을 놓을 수 있다는 것도 알아두자. 만약 지금 임금을 올려줄 생각이 없는 누군가를 위해 일하고 있다면 이직할 만한 곳을 찾아 대안을 마련해야 한다. 그리고 현 직장에 내가 원하는 만큼의 임금을 줄 곳이 있으며 그곳으로 언제든 이직할 수도 있다는 사실을 분명하게 밝혀야 한다. 전달해야 할 메시지는 이것이다. '나는 당신을 부자로 만들어 주거나, 다른 이를 부자로 만들어 줄 것이다. 어느 쪽이든 나는 지금보다 높은 임금을 원한다.'

짐은 가벼울수록 좋다
●

이기주의자는 자유를 원한다. 그들은 필요 없는 짐을 짊어지고 싶어 하지 않는다. 필요 없는 짐을 쌓아 두는 모습은 일상에서 쉽게 볼 수 있다. 언젠가부터 우리에게는 물건을 간직하는 습관이 생겼다. 단지 소유하고 있다는 이유로 많은 것을 버리지 않고 쌓아 둔다. 본능적으로 자신의 손에 들어온 것을 놓지 않으려는 것이다.

이때 인간은 인도의 원숭이들과 비슷한 행동 패턴을 보인다. 인도 사냥꾼들은 원숭이의 심리를 이용한 덫을 개발해 냈다. 그들은 코코넛 안쪽을 파내고 껍질에 조그만 구멍을 뚫어 놓는다. 그리고 원숭이가 코코넛 안쪽으로 손을 뻗어 집어넣도록, 원숭이들이 좋아할 만한 간식을 그 안에 넣어 둔다. 원숭이가 손을 넣고 주먹을 쥐면 구멍에 손이 끼어 뺄 수 없다. 사냥꾼이 뚫어 놓은 구멍은 손가락을 펴야 겨우 들어갈 만한 크기이기 때문이다. 하지만 원숭이는 자신이 획득한 그 간식을 놓치고 싶지 않기에 주먹을 펴지 않는다. 뒤이어 나타난 사냥꾼에게 잡힐 때까지, 원숭이는 그렇게 주먹을 쥔 상태로 덫에 걸려 있다.

이때 이용된 심리는 소유 효과(Endowment Effect)라고 불린다. 이것은 사람들이 어떤 대상을 소유하고 나면 그 대상을 더 높게 평가하는 경향을 가리킨다. 듀크대학교에서 심리학과 행동경제학을 가르치고 있는 댄 애리얼리 교수는 이와 관련하여 학생들과 실험을 진행했다. 그는 매우 인기가 많은 농구 게임 입장권을 몇몇 학생들에게만 선물했다. 참고로 항상 매진되는 LA 레이커스의 경기 입장권은 6만 원에서 18만 원 정도이다. 코트 가까이에 있는 인기 많은 좌석은 24만 원에 팔리기도 한다. 교수는 아무것도 받지 못한 학생들에게 티켓을 얻은 학생에게서 얼마를 주고 티켓을 살 의향이 있냐고 물었다. 학생들은 평균적으로 20만 4000원의 가격을 지불할 용의가 있다고 답했다. 이어 애리얼리 교수는 티켓을 선물받은 학생들에게 얼마를 주면 그 티켓을 팔겠냐고 물었다. 티켓을 가지고 있는 학생들이 답한 평균값은 288만 원이었다.

우리는 이미 소유하고 있는 것을 더 가치 있다고 생각한다. 그래서 우리는 덫에 걸린 원숭이들처럼 안간힘을 쓰면서도 손에 쥔 것을 놓지 못한다. 사리 분별을 제대로 하지 못하고 자유를 포기하는 것이다. 우리가 사물을 점유한다고 생각하지만 결국 점유당하는 것은 우리 자신이다.[35]

자유를 원하는 사람은 자유로울 준비가 되어 있어야 한다. 나는 어느 순간부터 내가 가진 물건들을 빠르게 처분하는 데에 익숙해졌다. 편지, 선물, 한 번밖에 사용하지 않은 전자기기 등. 심지어 아직 쓸 수 있는 물건도 버린다. 가지고 있으면 높은 대가를 치러야 한다는 사실을 알기 때문이다. 물건은 사람을 구속할 수 있기 때문이다. 사람들은 큰 배낭을 짐처럼 짊어지고 인생을 살아간다. 이기주의자에게 짐은 필요 없다. 이기주의자는 부담에서 벗어나 자신의 계획에 따라 자유롭게 목표를 좇고 싶어 한다. 무언가에 쫓기지 않아야 완전히 자신에게 집중할 수 있다.

배우 조지 클루니가 해고 전문가 라이언 빙햄을 연기했던 영화 「인 디 에어」에서는 기업에서 구조 조정이 필요할 때 그에게 연락한다. 이 달갑잖은 역할을 직접 하지 않기 위해 사장은 외부에서 전문가를 고용하여 해고 절차를 진행한다. 그래서 라이언 빙햄은 매일 비행기를 타고 여러 도시로 출장을 간다. 오늘은 시카고 내일은 뉴욕, 어떤 날은 미 중서부의 어느 시골 촌구석으로 향한다. 여행용 가방과 함께하는 그의 커리어는 빙햄의 삶 전반에 영향을 미친다.

영화 속의 이 캐릭터는 부차적으로 필요 없는 짐이라는 주제로 강연을 하기도 한다. 그는 빨간 배낭을 짊어지고 무대에 올라 관중에게 이 배낭이 인생을 상징한다고 설명한다. 사람들은 인생에서 필요한 것들을 배낭에 넣는다. 책, 텔레비전, 가구만 넣어도 배낭은 꽤 무거워진다. 거기에 차, 집, 사람들까지 넣으면 어떨까? 이 지점에서 그는 관중에게 묻는다. "가방끈이 점점 더 강하게 어깨를 짓누르는 게 느껴지십니까?"

그 빨간 배낭은 우리가 얼마나 많은 사물에 의존하는지를 보여 주는 좋은 비유이다. 사물이 문제가 아니라 우리가 그것들을 놓치지 않으려고 하는 것이 문제이다. 그 마음 때문에 우리의 배낭은 점점 더 무거워져서 달팽이 같이 느린 속도로 인생을 나아갈 수밖에 없다. 필요 없는 짐은 모두 우리가 들인 것이라 쉽게 놓지는 못할 것이다. 그에 대한 책임도 우리가 져야 한다. 짐의 부정적인 면까지 포용할지 아니면 내려놓기로 결정할지는 결국 우리의 몫이다.

은행에서 변경된 서비스 약관을 우편물로 보내 왔는가? 그럼 파일에 넣어 어딘가에 보관하는 대신, 그냥 한번 훑어보고 바로 쓰레기통에 버리자! 마음에 들지 않는 선물을 받았다면 팔거나 버리도록 하자. 핸드폰을 새로 샀다면 예전에 쓰던 건 폐기하자. 어쩌면 어떤 물건을 보며 '언젠가 쓸 날이 있을지도 몰라'라고 생각할지도 모르겠다. 물론 그런 날이 올 수도 있지만 그 물건을 갖고 있는 것만으로도 높은 대가를 치러야 할 것이다. 언젠가 쓸지 몰라 버리지 않고 집에 두고 싶은 마음이 드는 물건은 수백 가지일 테니 말이다. 그러면 주변은 당신에게 필요하지 않은 물건들로 넘쳐나게 될 것이다. 이제는 쓰레기를 치워 버리자. 차라리 그때그때 필요한 물건을 새로 사는 것이 혹시 모를 순간에 대비해서 물건을 20년씩 장롱에 묵혀 두는 것보다 낫다.

어떤 사람은 서랍에 버리지 않은 사용설명서가 가득 차 있다. 보통은 고장난 지 오래된 전자기기의 설명서이다. 잘 작동되는 기기의 사용설명서까지 모두 함께 다 버리자. 요즘은 인터넷에서 설명서를 모두 다운받을 수 있다. 이렇게 하면 서랍에는 자리가 많이 남게 될 것이다. 나는 버릴 수 있는 모든 것들을 다 버린다. 그것이 유용하고 가치 있는 것이라도 마찬가지이다. 갖고 있는 것만으로도 큰 대가를 치러야 하기 때문이다.

사람도 짐이 될 수 있다. 그들을 내 인생이 아닌 다른 곳으로 안내해 주자. 내가 한 토크쇼에서 성공으로 가는 길에 훼방을 놓왔던 주변 사람들과 연락을 끊었다고 말하자 방청객까지 당황해하는 모습이었다. 나는 이 말에서 무엇이 그토록 잘못되었는지 전혀 모르겠다. 이것이야말로 자신의 뜻을 분명히 밝히고 그에 따라 행동하는 가장 이성적이고 합리적인 행동 아닌가? 나에게 이롭지 않은 사람이 무슨 소용이 있는가? 거꾸로 내가 그에게 이롭지 않다면 나와 관계를 유지하는 것이 무슨 소용인가?

미국의 짐 론이라는 동기 부여 코치가 했던 말이 있다. "당신과 가장 많은 시간을 보내는 다섯 사람의 평균이 바로 당신이다!" 당신과 가장 많은 시간을 보내는 이가 몇 사람인지는 잘 모르겠지만 중요한 것은 어떤 사람의 주변 인물들이 그 사람에게 대단히 큰 영향을 미친다는 것이다. 항상 알코올 중독자와 함께 시간을 보낸다면 자신도 언젠가는 술병에 손을 댈 것이다. 언제나 우울한 사람들과 같이 지낸다면 그 사람도 머지않아 세상을 잿빛으로 보게 될 것이다.

'익명의 알코올 중독자들(Alcoholics Anonymous)'이라는 단체에서는 알코올 중독 치료를 위해 몇 가지 원칙을 제시한다. 그중 첫 번째는 지금 당장 유해한 환경에서 벗어나 모든 연락을 차단하는 것이다. 회복에서 가장 중요한 것은 올바른 환경이다.

자신에게 이롭지 않은 사람은 인생 방향을 재정비할 수 있도록 분명하게 끊어 내는 것이 좋다. 상대에게 솔직한 게 가장 좋겠지만 누구나 솔직함을 받아들일 수 있는 것은 아니다. 상대의 부정적 반응은 당신의 문제가 아니며 오히려 솔직하게 말함으로써 상대에게 도움을 줄 수도 있다. 상대는 당신의 말을 자기를 돌아보는 계기로 삼을 수도 있기 때문이다. 더 나아가 이를 통해 발전하게 될 수도 있다. 모든 헤어짐이 부정적인 것은 아니다. 어쨌거나 당신이 행복한 삶을 영위하고 목표한 바를 이루기 위해서는 모든 짐으로부터 자유로워져야 한다.

섣부른 복수 금지

●

이기주의자는 공격을 당해도 복수를 할 생각을 잘 하지 않는다. 성공을 거둔 사람들은 공격에 대비해야 한다. 공격은 주로 질투에서 비롯된 작은 사건들이며 이기주의자는 공격에 크게 반응하지 않는다. 공을 가진 사람이 공격당하는 것은 비단 축구에서만 그런 것이 아니기 때문이다. 당신은 이런 공격을 성공하지 못해 화풀이 대상을 찾는 사람들의 유치한 투정 정도로 여기면 된다. 그들은 마치 고집 센 어린아이처럼 인터넷에서 당신을 험담하는 등 저속한 행동을 할 것이다.

여기서 중요한 점은 이때 당신이 할 수 있는 일이 아무것도 없다는 사실이다. 저급한 행동도 서슴지 않겠다면 모를까. 하지만 이기주의자라면 적의에 차서 저급한 모습을 드러내지는 않을 것이다. 그렇게 사소한 일에 휘말리면 약하고 예민한 사람으로 비칠 뿐이다. 그런 대응은 행복한 삶에서 당신을 멀리 떨어뜨려 놓을 뿐이다. 험담하는 사람에게 일일이 대꾸하는 건 행복한 삶에 전혀 도움이 되지 않는다. 그저 헛수고일 뿐이다!

만약 누군가가 당신에게 막대한 해를 끼친다면 그때는 얘기가 다르다. 그 사람은 그만큼의 강한 보복을 감수해야 할 것이다. 만약 즉각적인 대응과 역습이 가능하다면 모든 수단을 동원하자. 하지만 곧바로 대응하기가 힘들다면 인내심을 갖고 기다리자. 상대가 자신이 이겼다고 느끼도록 내버려 두자. 이기주의자는 외부 요인에 억압되지 않는 높은 자존감을 지녔기에 즉각적인 만족이나 대응이 필요하지 않다.

이기주의자는 성급하게 반응하지 않으며 나중에 배로 갚아줄 날을 기다린다. 그 과정은 수년이 걸릴 수도 있다. 하지만 언젠가는 상대가 지옥 불을 맛볼 날이 오게 된다. 따로 계획을 세울 필요는 없다. 더 중요한 의미가 있는 일에 써야 할 시간과 집중력을 앗아갈 뿐이다. 언젠가 복수할 수 있을 거라는 사실을 믿자. 복수에 대한 양심의 가책은 갖지 않아도 된다. 상대도 같은 마음을 가졌고 당신을 공격하기로 결정한 것은 그의 자유로운 선택이었다.

성공한 방랑자들

●

성공한 유명 인사들의 전기를 자세히 살펴보면 그들이 다른 사람에게 인기 많은 유형은 아니라는 사실을 알게 된다. 되도록 호감을 얻지 못할 방식으로 행동하라는 말이 아니다. 하지만 다른 사람에게 맞춰 행동하는 것의 가치는 분명 과대평가되어 있다. 비타협적인 태도는 성공한 사람들만의 특징이다.

이기주의자는 환경에 잘 적응하지 못하고 무리에 융화되지도 못한다. 무슨 일이 있어도 그들만의 생각과 방식으로 목표를 좇으려고 한다. 어린 시절부터 자신의 의지가 확고해 상대하기가 어려운 인물들이 있다. 스티브 잡스는 자신이 학교에서 괴물이었다고 묘사했다. 학교에 가고 싶지 않아 부모님에게 이사를 가자고 졸랐다고 한다. 다행히 그는 부모님을 설득해 이사를 갈 수 있었다.

빌 게이츠도 학교에서 매우 튀는 학생으로 통했다. 모든 면에서 선생님보다 잘 알고 있었고 틀린 것을 발견하면 자주 지적했기 때문에 선생님에게는 대하기 어려운 학생이었다. 후에 그는 부모에게 소프트웨어 회사를 창립하기 위해 하버드대학교를 중퇴하겠다고 선언했다. 대학 생활은 그에게 매력적이지 않았고 그는 자신의 계획을 실행하기 위해 뉴멕시코로 떠났다.

워런 버핏은 학창 시절을 회상하며 자신이 비사회적이었다고 표현했다. 그는 심각한 갈등을 일으키는 바람에 다른 학급 동료들과 함께 수업을 받을 수 없을 정도였다고 한다. 그래서 그는 별도의 공간에서 공부했다.

코코 샤넬 역시 자신을 저항가라고 묘사했다. 자신의 자아는 고집스럽고 자주적이며 방랑자처럼 자유롭다고 말했다. 이것이 그녀의 성공 비결이다. 이 모든 내용은 큰 성공을 이룬 이들의 전기에서 읽을 수 있다. 그들은 예나 지금이나 (그리고 앞으로도) 스스로에게 자신의 길을 가는 것만을 허락한다. 이기주의자는 개인주의자이기도 하다. 그들은 주어진 길을 가기보다는 자신만의 길을 개척하고 싶은 사람들이다.

아놀드 슈워제네거를 처음으로 뮌헨에서 만났을 때, 그는 내게 자신의 여섯 가지 황금률에 대해 알려 주었다. 그중 하나는 "비관론자들의 말은 무시해라!"이다. 그는 항상 최고가 되고 싶었고 남들보다 더 잘하고 싶었다. 그래서 최고의 보디빌더, 최고의 배우, 최고의 주지사가 되기 위해 노력했다. 누군가가 자신의 앞길을 가로막으며 "아니야, 그건 안 돼!"라고 말하면 그는 속으로 '꺼져, 이 자식아. 네가 뭘 알아?'라고 생각했다고 한다. 자신이 계획했던 모든 것을 이룬 사람이 남긴 확실한 발언이다. 슈워제네거는 자신이 세운 계획과 일정을 냉철하게 지킨 사람이다. 그리고 그 과정에서 큰 즐거움을 느낀 좋은 사례이다.

창의적인 사람들은 대개 이기적인 면모를 갖고 있는데 이 점이 그들의 커리어에 상당히 도움이 되는 것으로 보인다. 창의적인 사람들은 자신만의 세계에 살며 외부 세계에 주의를 잘 빼앗기지 않는다. 이들을 자기 자신이라는 우주에서 가장 반짝이는 별이라고 표현할 수도 있겠다.

패션 디자이너 카를 라거펠트는 일정을 조율하지 않기로 유명한 사람이었다. 그는 약속을 정할 때 협의하지 않는다. 그가 약속 날짜를 제안하고 가끔은 시간까지 정해 두기도 한다. 여기서 그치지 않고 상대는 더 인내심을 가져야 한다. 약속한 시간에 정해진 장소에서 기다리더라도 라거펠트는 약속 시간이 한참 지나서야 도착한다. 물론 이런 태도가 성공의 요인이 될 수는 없지만 그럼에도 불구하고 라거펠트가 그토록 큰 성공을 거둘 수 있었다는 사실은 놀랍다. 이런 태도는 자신과 자신의 목표에 집중하면서 생긴 부산물인 듯하다.

내 시간은 타인의 시간보다 중요하다
●

나의 일정은 꽤 빽빽하게 채워져 있다. 그렇게 하기로 한 것은 내 선택이기 때문에 불만은 없다. 나의 인생에서 일어나는 모든 일들은 내가 소망하는 바이거나, 나의 소원을 이루기 위한 수단이다. 가끔은 재미가 덜한 돌길을 가야 할 때도 있지만 그것은 나를 그만한 보상을 가져다주는 목표로 이끌어 준다.

나의 시간은 매우 소중하다. 인생은 단 한 번뿐이므로 모든 사람의 시간이 소중하지만 나의 시간은 그저 관념적으로만 높은 가치를 지니는 것이 아니다. 나의 시간에는 매우 높은 가격표가 붙는다. 내가 어렵게 노력하여 얻은 결과이다. 어느 정도인지 감을 잡을 수 있도록 예를 들자면, 20분간의 통화가 4200만~7000만 원의 매출로 이어지는 경우가 드물지 않게 있다. 그래서 시간과 관련한 사안에 나는 매우 민감하며 단호하게 대처한다. 나의 시간을 존중하지 않는 사람은 그 단호함의 실체를 직접 겪게 될 것이다.

나는 거의 매일 팟캐스트나 TV쇼 섭외 요청을 받는다. 출연을 위해서는 시간을 투자해야 하지만 이런 플랫폼에 출연하면 단기적, 장기적으로 목표를 현실화하는 데 도움이 되기 때문에 기꺼이 초대에 응한다. 프로그램을 통해 아직 나를 알지 못하는 사람들, 나의 책이나 미디어를 접하지 못한 사람들도 나의 목소리를 들을 수 있게 된다. 시간을 들이는 대가로 나는 광고 시간을 얻는다.

하지만 모두가 나처럼 시간이라는 자원을 진지하게 생각하는 것은 아니다. 내가 겪었던 대표적인 사례를 소개한다. 한번은 어떤 인스타그램 채널의 운영자가 나에게 인터뷰를 제안해 왔다. 그는 라이브 방송 2주 전에 내게 일정을 보내 왔고 우리는 협의하여 날짜를 정했다. 이것은 내가 그 시간에 다른 일정을 잡지 않아야 하며 방송 일정에 맞춰 모든 준비를 마쳐야 한다는 사실을 의미했다. 계획한 시간에 내가 비디오와 오디오 시스템이 갖춰진 우리 회사의 회의실에 앉아 있어야 하므로 외부 일정도 계획할 수 없고, 그 시간에 맞춰 전화 회의 일정도 잡지 못한다는 뜻이었다. 정규 근무 시간을 넘겨 저녁에 잡힌 일정일 경우 근무 계획도 다시 세워야 했다.

라이브 방송 하루 전날 우리는 인터뷰를 요청한 사람에게서 다음과 같은 메시지를 전달받았다. "다른 인터뷰가 급하게 잡혀 일정을 미뤄야겠습니다. 언제로 미루는 게 좋을까요?" 비서는 이 메시지를 전하며 어떤 식으로 답해야 하는지 물었다. 나는 다음과 같이 직접 답변을 남겼다. "저는 약속을 한 번만 잡습니다. 그러므로 이걸로 끝난 겁니다. 안녕히 계십시오."

약속을 위반한 상대에게 일정을 다시 제안하며 친절을 베풀 생각은 하지 않았다. 더군다나 그 운영자는 의사 결정 과정에 나를 끌어들이지도 않았다. 이미 결정된 사안을 통보하며 그 와중에 내게 새로운 일정을 요구하며 우위를 점하고자 했다. 타인이 당신을 결정하려 드는 것을 절대 용납하지 말자. 이 사람은 나와 내 시간의 가치를 존중하지 않았다. 게다가 나는 실제로 손해를 봤다. 그와 만나기로 했던 시간이 붕 떠 버렸다. 어쩌면 바로 그 시각에 세 사람이 나와 사업 관련 논의를 하기 위해 약속을 잡으려고 했지만 그 인터뷰가 있어 내가 거절했을 수도 있다. 약속 직전에 그 사람이 일정을 취소한 것은 내게 단순히 불쾌감을 불러일으키는 일 그 이상이었다. 이러한 경험을 겪다 보면 상대가 어떤 사람인지도 알 수 있다. 그러한 사람과는 협의가 무의미하다. 그들은 예측 불가능하기에 신뢰할 수 없다. 자신을 소중히 여기기 위해, 그리고 당신의 시간을 더 생산적으로 쓰기 위해, 그런 사람을 재빨리 파악할 수 있어야 한다. 그래야만 당신의 인생이 행복하다.

나의 메시지에 그가 보냈던 답변은 참 재밌었다. 그가 생각하기에 성공한 사람에게는 이런 반응이 어울리지 않는다고 했다. 사실 다른 사람들이 나의 태도를 그대로 받아들이기를 기대하지만 대부분 이렇게 나를 가만히 두지 않는다. 불같이 화낼 만한 정당한 근거를 갖고 있음에도 감정에 휘말려 자제력을 잃고 싶지 않았으므로 냉철함과 객관성을 유지했다. 그리고 그에게 나의 반응은 성공한 사람에게 완벽히 어울리는 것이라고 냉정하게 말했다.

그는 이 일을 계기로 나를 불쾌하게 하고 심지어 협박하기도 했다. 지금까지 나에 대해 긍정적으로 이야기해 왔지만 이제부터는 주변 사람에게 나를 조심하라고 얘기할 거라고 했다. 그 순간 나는 이렇게 생각했다. '부디 그렇게 해주길 바란다. 당신의 바보 같은 친구들까지 나에게 인터뷰 요청을 하지 않도록.' 당신이 당신의 소원, 가치, 요구에 관해 분명하게 의사 전달을 하면 할수록 나쁜 것은 당신에게서 떨어져 나간다. 대신 서로 이로움을 주고받는 사람이 주변에 모여들게 될 것이다.

때로는 궁색하고 보잘것없는 삶을 사는 사람, 자신이 어떤 오물을 생산해 내는지 인지하지 못하는 사람을 상대해야 한다. 이런 해로운 행동은 고스란히 타인에게 영향을 준다. 하지만 그들은 자신의 태도에 의구심을 품을 생각조차 하지 못한다. 자신의 태도로 인해 다른 이가 얼마나 많은 피해를 입는지 깨닫지 못하는 것 같다. 이런 사람은 잘못된 이기주의자라고 부를 수도 없다. 의식적으로 그렇게 행동하는 것이 아니기 때문이다. 그저 미성숙한 사람이며 불쌍히 여기고 동정해야 할 사람이다.

나라고 계획된 일정이 항상 순조롭게만 흘러갈까? 당연히 아니다. 가끔은 일정을 잡아 놓고 회의가 생각보다 길어져 다음 일정과 겹치는 경우가 생긴다. 이럴 때 이기주의자는 어떻게 행동할까? 상황을 진지하게 판단하고 효과적으로 해결하고자 노력한다. 해결 방안을 찾는 과정에서는 상대방의 의견을 존중하는 게 가장 중요하다. 그렇지 않으면 상대방은 당신의 편에 서 주지 않을 것이며 사회적으로 좋지 않은 이미지가 생기게 될 것이다.

이런 일이 일어나면 나는 다음 일정에서 만나기로 한 상대방에게 문제 상황에 대해 설명하고 그에게 결정을 맡긴다. "혹시라도 저희가 만나기로 한 일정을 조금만 뒤로 미루는 것이 가능한지 모르겠지만 어렵다면 당신과 미리 약속한 시각을 지키기 위해 당장 회의를 중단하겠습니다. 당신을 절대 곤란하게 만들고 싶지는 않습니다." 이렇게 말하면 대부분 다음 일정을 약간 미뤄주었다. 상대가 결정에 함께 참여했고 그도 이 결정에 영향력을 행사했다고 느꼈던 덕분이었다. 잊지 말아야 할 건 이 과정에서 나는 상대를 존중하며 이야기했다는 사실이다. 때로는 어떻게 말하느냐가 무엇을 말하는지보다 중요할 때가 있다.

다시 한번 분명히 말해 두고자 한다. 상대가 나를 존중하지 않는 상황을 내버려 두지 말자. 모든 상황에서 결정권자는 나 자신이어야 하며 어느 누구도 당신에게 마음대로 상처줄 수 없다. 누군가가 당신에게 해를 입히는 결정을 내리면 그에 대한 결과도 그 사람이 책임져야 한다. 나에게는 관계를 끝내는 결과를 의미한다. 나는 나의 시간과 에너지를 단 한 번만 투자한다. 그걸로 끝이다. 그래서 내 시간을 되도록 더 높은 이자를 주는 곳에 투자하려고 현명하게 판단을 내린다.

물물교환의 인간관계
●

남성과 여성은 서로 매우 다른 방식으로 존중을 정의한다. 미국의 부부 심리 상담가 에머슨 에거리치스는 자신이 쓴 베스트셀러 『사랑과 존중(Love & Respect)』을 통해 사랑과 존중을 분명히 구분하고 있다.

30년간 진행한 부부 상담과 7000쌍의 커플을 대상으로 한 설문조사를 바탕으로 다음의 결과가 확인되었다. 남성은 인정을 원하는 반면 여성은 남성의 관심과 애정을 느끼고 싶어 한다. 남성은 여성에게 관심을 기울이는 것을 잘하지 못한다. 남성은 본인이 항상 바쁘다고 느낀다. 실제로 집에 있어도 텔레비전이나 스마트폰, 게임 등에 정신을 빼앗겨 주의가 매우 산만하다.

우리는 앞에서 관계가 이기적인 결정으로 완성된다는 사실을 확인했다. 결국, 우리는 스스로 원하기 때문에 누군가와 관계를 맺게 된다. 자신이 곁에 없으면 상대가 잘 못 지낼 것 같아서가 아니다. 관계는 거래이다. '너는 내가 원하는 것을 주고 나는 네가 원하는 것을 주겠다.' 여성은 남성이 존중받고 있다고 느끼도록 행동하면 된다. 남성은 영웅이 되고 싶어 한다. 명예욕이 강하며 강하게 보이고 싶어한다. 마치 승리를 거둔 것처럼 보이길 원한다. 그러므로 여성이 일상에서 남성의 행동에 대해 칭찬을 건넨다면 그는 그녀를 무조건 사랑하면서 그녀가 요구하는 것은 무엇이든 할 것이다. 앞으로도 계속 존중받을 것을 기대하기 때문이다. 반대로 남성은 여성에게 관심을 기울이는 법을 배워야 한다. 다른 모든 것을 제쳐 두고 오로지 여성에게만 주의를 기울이면 그녀는 사랑받는다고 느낀다. 쉽게 주의력을 잃는 남성에게는 어려운 과제처럼 들리겠지만 생각보다 쉽게 실천할 수 있는 일이다.

버지니아대학교의 심리학자들은 270초간 상대에게 집중하면 행복한 관계를 만들 수 있다는 사실을 알아냈다. 약 5분이면 모든 것을 충족시킬 수 있다. 당신은 행복한 관계를 위해 요구되는 노력이 얼마나 적은지 알면 대단히 놀랄 것이다.[36] 물론 이때 핸드폰도 라디오도 강아지도 어떤 방해물도 있어선 안 된다. 모든 관심을 온전히 여성에게 쏟아야 한다. 남성은 여성의 눈을 바라보면서 말을 건넨다. 그리고 그녀가 말하는 것을 듣는다. 중간중간 관심을 표현하는 질문을 하는 것도 좋은 방법이다. 연구에 따르면 5분을 90초씩 나누어 사용해도 된다고 한다. 90초씩 세 번에 걸쳐 온전히 여성에게 집중해도 같은 효과를 얻을 수 있다는 뜻이다. 만약, 지나가던 경제학자가 이 이야기를 들었다면 이것이 엄청나게 유리한 사업이라고 확인시켜 주었을 것이다.

이러한 행동이 인위적인 것처럼 보이는가? 사실, 그렇다. 목표를 달성하기 위한 의도된 행동이다. 이 경우에는 상대가 존중받는다고 느끼도록 의도한 것이다. 인위적인 행동이 부정적으로 느껴지겠지만 사실 누구에게도 해를 입히지 않고 오히려 양쪽 모두에게 이롭다. 그러니까 할 수 있는 만큼 하되, 이왕이면 제대로 하길 바란다.

역사상 최대 규모의 금융 사기
●

버나드 매도프는 역사상 가장 큰 규모의 금융 사기를 저지른 사람으로 기록되었다. 그의 이야기는 마치 동화 속 이야기처럼 시작된다. 뉴욕에 살던 그는 함석공 일을 하며 번 600만 원으로 1960년대에 한 투자 회사를 설립했다. 그는 제일 먼저 영화「더 울프 오브 월스트리트」의 주인공 조던 벨포트가 그랬던 것처럼 페니 스톡(Penny Stock)에 집중했다. 여기서 페니 스톡이란 가치가 엄청나게 상승할 수 있는 잠재력을 갖고 있지만 순식간에 가치가 하락할 수도 있는 싼 주식을 의미한다. 버니는 페니 스톡 판매에 재능이 있었고 이에 따라 거액의 수수료를 챙길 수 있었다.

그는 점차 자신의 길을 개척해 나가며 투자자들의 자금을 모아 주식에 투자하는 투자 회사를 설립했다. 이 펀드에는 매달 수십억 원의 투자금이 모였다. 성공 가도를 달리며 자신의 커리어에서 정점을 찍었을 때 매도프는 나스닥 증권거래소의 이사장, 다양한 재단의 감사 위원이자 후원자를 맡고 있었으며 경제 매거진에서 증권계의 스타로 추앙받고 있었다(그는 자신이 후원하던 재단의 자금까지도 자신에게 유리한 방식으로 투자, 운용하려 했다). 금융 위기가 닥치고 증권가에 폭풍이 불던 시기에도 그는 안정적인 이자율을 유지함으로써 국제적으로 유명 인사가 되었다. 그의 성과를 기반으로 수십억 원이 더 투자되었고 투자자들은 성공할 날만 기다리고 있었다. 그런데 사실 그는 1996년도부터 이미 투자자의 돈을 실제로 주식에 투자하지 않았다. 주식에 투자하는 대신 기존 투자자에게 새로운 투자자의 돈을 지불한 것이다. 그는 금융 위기가 한창이던 2008년까지 이러한 시스템을 유지해 왔다. 그런데 금융 위기가 찾아와 많은 투자자가 갑자기 펀드에서 돈을 찾아가기 시작했다. 추가로 들어온 돈보다 나가는 돈이 더 많아졌고 게임은 끝났다.

그 결과 매도프는 더 이상 사기를 칠 수 없게 되었다. 그의 다단계 방식은 파국을 맞았고 그는 FBI에 체포되었다. 검찰 추산에 따르면 피해액은 78조 원에 달하며 이는 알려진 사기 사건 중 가장 큰 규모의 투자 사기로 기록되었다. 전 세계의 투자자가 자신의 재산을 빼앗겼다. 무고한 시민의 연금 기금, 재단이 모았던 후원금도 펀드에 투자되었다. 국제적으로 4만 5000명의 변호사가 이 소송에 참여했다. 전 세계에서 직간접적으로 피해를 본 사람만 약 300만 명이라고 한다.

어긋난 자부심의 결과
●

매도프는 금융계와 월스트리트에서 눈먼 욕망과 무책임을 대표하는 인물이 되었다. 그는 전 국민의 미움과 증오를 한 몸에 받았다. 그의 가족들은 너무나 거센 비난을 받아 공식적인 자리에 나설 수 없었다. 심지어 두 아들 중 한 명은 자살했으며 다른 한 명은 나중에 암에 걸려 사망했다. 매도프는 징역 150년을 선고받았다. 하지만 이 모든 것이 사기 피해자들에게는 미약한 위로에 지나지 않았다. 피해자들은 잃어버린 돈을 되찾지 못했기 때문이다.

이후에 한 영화에서는 매도프가 이익 실현이 어려운 시장 상황에서 궁여지책을 찾다가, 새로운 투자자의 돈으로 기존 투자자에게 약속한 이윤을 제공했다고 묘사되었다. 그러니까 그는 자신의 약점을 숨기고 속임수를 통해 자신의 능력이 뛰어난 것처럼 보이길 원했던 것이다. 이처럼 지켜야 할 규정을 조금씩 어기는 데서 모든 것이 시작되었다. 이 모든 것은 물론 법에 저촉되는 일이지만 큰 사기를 저지를 의도를 갖고 벌인 일은 아니었다. 그는 단지 재정의 구멍을 메꾸려고 했을 뿐이지만 잘못된 방향으로 첫걸음을 내디뎠다. 그것은 몰락의 시작이었다. 큰 금액을 이러한 방식으로 메꾸면 정상적인 시장 환경에서는 (특히 하락하고 있는 시장에서는) 밀리기 시작한 금액을 따라잡을 수 없다. 그래서 결국 이 게임은 2008년에 끝나고 만 것이다. 매도프가 처음에 부렸던 작은 요령은 불법이었고 그는 모든 것을 잃었다.

이 이야기가 이기주의와 무슨 관련이 있을까? 자신의 실패를 인정하지 않으려던 매도프는 진정한 이기주의와는 완전히 거리가 먼 사람이었다. 실패에 대한 두려움을 이겨 내지 못하고 선을 넘어 버렸다. 무엇보다 가끔 실수도 하고 다른 이의 기대를 충족하지 못할 수도 있다는 사실을 인정하지 않으려던 그의 어긋난 자부심이 문제였다. 매도프는 증권가에서 천재로 불렸다. 그는 그 이미지를 깼어야 했다. 하지만 그렇게 하는 대신 계속해서 사람들의 존경을 받기 위해 불법을 저지르는 길을 택했다. 그때부터 그는 투자받은 돈을 주식에 넣는 것이 아니라 다단계 시스템을 구축하는 데에 썼다.

우리는 도로 위에서 종종 비슷한 일을 겪는다. 도로 위에서 자부심을 느껴야 할 이유는 전혀 없는데 참 안타까운 일이다. 예를 들면 굴곡진 시골길에서 상대방을 추월하려고 기교를 부린다. 이는 사람의 목숨을 앗아갈 수도 있는 위험한 행위이다. 한 운전자가 앞차를 막 추월하려고 하는 그때, 눈앞에 커브가 있다는 것을 발견한다. 다른 사람 앞에서 창피당하지 않기 위해 그는 무리해서 추월을 감행한다. 이들은 괜히 자존심을 지키려다 큰 문제를 겪는다. 그 운전자는 그렇게 행동함으로써 그 일과 전혀 무관한 사람까지도 위험에 빠뜨린다는 사실을 인지하지 못한다. 전쟁과 살인 역시 비슷한 마음에서 일어난다. 자신의 결함을 인정하지 못하는 마음은 이 세상에 많은 고통을 가져온다.

굳이 금융 사기범이 아니더라도 우리는 종종 쓸데없는 자존심 때문에 출구 없는 상황에 직면하게 된다. 이기주의자는 억압이 아닌 자유를 원하며 불필요한 짐 없이 세상을 살고 싶은 사람이다. 그는 어떤 대상이 자신에게 부담이 된다면 그것이 아무리 가치 있다 하더라도 그 대상을 내려놓을 줄 안다.

가치를 내용으로 채워라

●

열정 없는 삶은 시시하다. 당신의 행동에 열정이 없다면 모든 것은 의미가 없다. 근대소설의 선구자인 조반니 보카치오는 이러한 상황을 한 문장으로 훌륭하게 표현해 냈다. "즐기고 후회하는 것이, 즐기지 않은 것을 후회하는 것보다 낫다."

대부분의 사람은 죽음을 앞두고 행복해질 기회를 스스로 거부했다는 사실을 후회한다. 당신이 당신의 개인적 성향에 맞춰 행동할수록, 당신은 더 행복해질 것이다. 이것은 매우 단순하고 논리적인 사실이다. 당신을 감정적으로 만족시키지 못하는 일들을 줄이면 자동으로 더 행복한 인생을 살아갈 수 있게 될 것이다. 여기서도 자신이 중요하게 여기는 가치가 중요한 역할을 한다. 당신의 행동이 당신의 가치와 일치할 때에만 열정이 생기기 때문이다. 모든 목표, 활동, 사고방식은 직간접적으로 당신이 중요하게 여기는 가치에서 유래된 것들이다.

가치 또는 가치관은 다음과 같이 설명할 수 있다. '가치관은 공동체 내부 사람들이 바람직하다고 여기는 도덕적이거나 윤리적인 특성을 지닌다. 선호하는 가치와 규범에서 사고 패턴, 신조, 행동 패턴 등이 형성된다. 가치를 나타내는 용어는 대부분 도덕적으로 바람직하다고 여겨지는 특성을 상징하는 명사들이다. 이것들은 구체적인 도덕과 윤리를 상징하며 성격적 특성과 이익을 생성하는 인간 상호 간의 특성을 묘사한다.'[37] 하지만 대부분의 경우, 이 개념은 매우 혼동된다. 구체적인 내용으로 채워진 용어가 아니기 때문이다. 당신의 성공을 위해 무엇보다 중요한 것은 당신의 가치를 내용으로 채우는 것이다. 당신에게 중요한 가치가 무엇인지 명확하다면 일상에서 당신의 가치관과 충돌하는 행동은 절대 하지 않을 것이며 당신의 뜻에 가장 맞는 삶을 살게될 것이다. 하지만 당신의 체계가 불명확하다면 다른 이들이 당신의 운명을 결정짓게 될 것이다.

목표를 정의하라
●

목표가 있는 자만이 그곳으로 향하는 길을 찾을 수 있다. 이기주의자에게는 목표가 있다. 그래서 성공할 뿐만 아니라 행복한 삶을 살 수 있다.

캐나다의 칼턴대학교에서는 6000명을 상대로 구체적인 목표가 사람들의 삶에 얼마나 영향을 미치는지 알아내기 위한 연구를 진행했다. 연구진은 목표를 가진 사람이 목표가 없는 사람보다 훨씬 더 성공적인 삶을 산다는 사실 외에 놀라운 점을 한 가지 더 발견했다. 바로 목표가 없는 사람은 더 일찍 죽는다는 사실이다. 이는 목표를 가진 사람이 더 오래 산다는 뜻이기도 하다.[38] 그러니 아직 구체적인 삶의 목표를 찾지 못했다면 하루빨리 목표를 정하는 편이 좋다.

목표를 글자로 적기

행복하고 충만한 삶을 살기 위해, 당신은 명확한 목표를 세워야 한다. 어떤 경우에도 예외는 없다. 하지만 그것만으로는 충분하지 않다. 당신은 실제로 그 목표를 이루기 위해 끝까지 노력해야 한다. 그러지 않으면 당신의 목표는 그저 채워지지 않는 공허한 틀에 불과할 것이다.

블라디미르 클리치코와 목표에 대한 집중과 전념에 관해 대화를 나눴을 때, 그는 이렇게 말했다. "당신의 목표에 미쳐야 합니다. 목표에 미치면 그 목표는 반드시 이룰 것입니다."[39] 당신도 당신의 목표에 미치고 싶다면 이 책을 계속 읽어야 한다. 자신이 구체적으로 무엇을 원하는지 설명할 수 있는 사람은 거의 없다.

설사 이루어질 수 있는 소망을 갖더라도 자신의 목표를 구체적으로 명시하는 경우는 드물다.

미국 하버드대학교에서는 자신의 꿈과 목표를 글자로 적는 것을 주제로 유명한 연구를 진행했다. 연구의 제목은 '장기간에 걸친 졸업생들의 커리어 발전 과정'이었다. 그 결과는 매우 흥미롭다. 졸업생의 83퍼센트는 졸업 후 경력에 대한 구체적인 목표를 세우지 않았다. 이 그룹의 평균 소득을 기준 삼아 다른 그룹과 비교해 보았다. 졸업생의 14퍼센트는 분명한 커리어 목표를 수립했지만 이를 글자로 적어 두지는 않았다. 그들의 소득은 첫 번째 그룹보다 평균적으로 세 배가 높았다. 졸업생의 3퍼센트는 분명한 커리어 목표를 수립했을 뿐만 아니라 이를 글자로 적기도 했다. 그들은 평균적으로 첫 번째 그룹보다 열 배 더 많은 소득을 벌고 있었다.

목표를 수기로 적는 것에는 어떤 비밀이 숨어 있는 듯하다. 전문가들은 스마트폰이나 컴퓨터를 이용하여 목표를 적기보다는 직접 손으로 쓰는 것을 권한다. 캘리포니아 도미니칸대학교의 게일 매튜스 박사는 267명의 참가자를 상대로 목표 수립에 관한 연구를 진행했다.[40] 연구 결과, 전자기기를 통해 텍스트를 입력하는 데에는 여덟 가지의 손가락 움직임이 사용되는 반면 직접 손으로 무언가를 적을 때는 만 가지에 달하는 움직임이 필요하다는 사실이 밝혀졌다. 수기로 적을 때 뇌에는 수천 가지의 신경 연결, 즉 시냅스(Synapse)가 생겨난다. 이는 좌뇌와 우뇌가 서로 소통하고 뇌의 다양한 영역이 서로 연결되도록 하는 역할을 한다. 이 연구를 바탕으로 이야기하자면, 우리는 목표를 수기로 적음으로써 아직 존재하지 않는 현실을 뇌에 투영시킨다고 주장할 수 있을 것이다. 그리고 이를 통해 목표의 실현 과정을 촉진하는 것이다.

그 비밀은 망상 활성계(Reticular Activating System)에 있다. 망상 활성계는 뇌로 향하는 길목에 있는 문지기라고 볼 수 있다. 우리의 환경은 우리에게 끊임없이 수백만 개의 신호를 보낸다. 실제로 1초에 4억 비트의 정보가 뇌로 전달된다. 하지만 망상 활성계는 그중 2000비트의 정보만을 의식에서 처리하도록 하는데, 그렇지 않으면 사람들은 과부하로 기절할 것이기 때문이다. 나머지는 분류되지 않은 채 잠재의식에 저장된다. 이제 왜 인간의 뇌가 전체 능력의 일부만을 쓰는지 이해될 것이다.

당신의 매 순간은 잠재의식에 저장된다. 여기에 저장된 정보도 우리의 생각과 행동에 영향을 미친다. 이는 이기주의자가 주변 환경을 그토록 중요하게 생각하는 이유이기도 하다. 그들은 삶의 질을 높이기 위한 조건을 직접 결정하는 사람들이다. 잠재의식이 의식에 비해 얼마나 큰 비중을 차지하는지 일목요연하게 설명하기 위해 과학자들은 그 크기를 길이로 환산해 보았다. 환산 결과에 따르면 의식은 5밀리미터인 데 반해, 잠재의식은 11

킬로미터에 달한다고 한다. 인상적인 결과가 아닐 수 없다.

그러므로 주변 환경은 우리에게 매우 큰 영향을 미친다. 당신이 매일 담배 연기가 자욱한 술집에 들른다고 생각해 보자. 그곳에는 이미 예전에 자신을 포기해 버린 사람들이 주로 앉아 있다. 그곳에서 사람들은 사업가들이 얼마나 나쁜 사람인지, 사람들이 서로를 얼마나 못살게 구는지에 대해 대화를 나눈다. 그들의 일상은 좌절, 분노, 부당한 희생으로 가득 차 있다. 원하든 원하지 않든 잠재의식은 이러한 정보를 저장해 둔다. 언젠가는 이 정보가 당신의 사고 체계를 구성할 때 부정적인 영향을 줄 것이다. 만약 더 나은 사람이 되고 싶다면 이미 자신의 목표를 이뤘거나, 적어도 이뤄 가고 있는 과정인 사람들에게 둘러싸여 있어야 한다. 나는 큰 성공을 거둔 사람들과 삶 그리고 아이디어에 대해 이야기하는 것을 매우 즐긴다. 우리가 만나는 장소, 나누는 대화는 나의 잠재의식에 긍정적인 영향을 미친다. 이것은 여유가 있는 사람들이 자녀를 좋은 사립 학교나 기숙 학교에 보내는 이유이다. 그곳에서는 엘리트들과 시간을 보낼 수 있기 때문이다.

목표에 관한 이야기로 돌아와 보자. 망상 활성계는 당신이 목표 수립을 하면 (특히 그 목표를 손으로 쓰면) 이에 맞춰 프로그래밍된다. 이때 목표는 프로그래밍을 강화하는 필터 역할을 한다. 당신이 만약 빨간 페라리를 갖고 싶다고 적으면 그때부터 곳곳의 빨간 스포츠카, 페라리 광고 영화, 자동차 회사 등이 눈에 띌 것이다. 톰 셀렉이 등장하는 영화를 볼 때도 그가 1980년대에 출연하여 흥행에 성공한 미국 시리즈물 「매그넘」에서 빨간 페라리를 몰던 장면을 떠올릴 것이다. 이 모든 정보는 예전에도 주변에서 쉽게 접했지만 그땐 인지할 수 없었던 것들이다. 이 비결은 목표를 당신의 뇌, 특히 망상 활성계에 프로그래밍함으로써 지금부터 당장 적용할 수 있다.

생각만 하지 말고 손으로 적어라

●

내가 열여덟 살에 성공과 자립에 관심을 갖기 시작했을 때 들었던 조언이 하나 있다. 그것은 100가지의 인생 목표를 수기로 적어야 한다는 조언이었다. 나는 3년 동안 이 생각을 실행하지 않고 머릿속에만 담아두고 있었다.

나는 아직도 정확히 갈색 두루마리 포장지를 보았던 장소를 기억한다. 나는 그걸 보면서 이렇게 생각했다. '저기라면 내 100가지 목표를 쓸 자리가 충분하니까, 지금 펜만 있다면 저기에 내 목표를 쓰면 될 텐데.' 나는 결국 볼펜을 하나 찾아서 내 머릿속에 있던 모든 것들을 써 내려가기 시작했다.

나는 작은 목표와 큰 목표 거의 이룰 수 없는 것처럼 보이는 목표도 쓰기 시작했다. 많은 것들은 비물질적인 목표들이었다.

물론 물질적인 목표들도 몇 가지 있었다. 믿을 수 없겠지만 그로부터 10년이 흐르고 난 시점에 나는 이 리스트에 적었던 목표를 거의 다 이룰 수 있었다.

그중 몇 가지는 내가 50세쯤에야 이루겠다고 생각했던 것들이었지만 나는 33세도 채 되지 않은 시점에 그 목표들을 이뤘다. 100가지의 목표를 적어두었던 것은 최고의 (이기적인) 결정이었다는 것을, 내 경험을 바탕으로 이야기해 줄 수 있다. 이는 나의 삶에서 큰 도약을 가능하게 만들어 줬을 뿐 아니라, 다른 많은 사람들에게도 긍정적인 영향을 미쳤다. 심지어 내 주변인이 아닌 사람들에게도 긍정적인 영향을 미쳤다.

내가 살면서 알지도 만나보지도 못한 사람들이 나에게 와서 혹은 나에게 메일로 내가 자신의 삶을 바꿔 놓았다고 말했다. 그저 내가 나의 목표를 실현한 것을 통해서 말이다. 극도로 이기적이었던 나의 행동이 당사자인 나 개인을 넘어 많은 사람에게 이익을 가져다준 것이다.

매년 성공 가능성을 높이기 위해, 나는 가장 중요한 연간 목표 열 가지를 매일 직접 손으로 써 내려간다. 몇 주가 지나면 내 손은 종이 위에서 거의 자동으로 움직인다. 이 습관이 목표 리스트에 적혀 있던 대부분을 이룰 수 있게 해준 이유라고 확신한다. 매일 손으로 목표를 적음으로써, 나는 내가 가진 가능성을 1년에 365배씩 늘려 나갔기 때문이다. 나의 망상 활성계는 실질적으로

내가 매일 기울이는 노력을 제대로 된 방향으로 끌고 나가는 것
외에는 다른 선택지가 없는 것이다.

구체적으로 결정하라
●

사람들이 대부분 목표를 이루지 못하는 이유는 구체적인 결정
을 내리지 않았기 때문이다. 큰 성공을 거둔 이기주의자를 관찰
해 보면 어떤 역경과 저항에도 무자비하게 느껴질 정도로 철저
하게 자신의 목표를 붙잡고 놓지 않는다. 새로운 목표를 세우고
나니, 훼방을 놓는 장애물이 나타나는가? 그건 당연한 일이다.
아주 큰 장애물이 나타날 것이다. 이때 당신은 이렇게 생각할 게
분명하다. '왜 내가 목표를 세우자마자 모든 어려움이 한꺼번에
닥치는 거지?' 이해하기 어렵겠지만 자연의 이치가 그렇다.

몇몇 작가는 하느님이 우리의 의지를 시험해 보기 위해 문제
상황을 일부러 만든 것이라고 주장하기도 한다. 만약 사실이라
면 매우 효과적인 시험이다. 첫 번째 장애물에서 이미 많은 사람
이 포기해 버리기 때문이다. 장애물이 반드시 큰 어려움을 동반
하는 게 아닌데도 말이다. 어떤 이는 게으름 때문에 목표를 포기
하기도 한다. 연초에 세웠던 새해 다짐을 떠올려 보자. 많은 이
가 운동을 꾸준히 하겠다는 다짐을 한다. 하지만 대부분 게으름

때문에 포기해 버린다. 바위같이 단단하게 마음먹고 철저하게 목표를 좇는 자만이 자신이 세운 목표를 실제로 이룬다. 그 과정에는 여전히 많은 변수가 있지만 적어도 자기 자신이라는 가장 큰 변수를 제어하고 있기 때문이다.

세계적인 골키퍼를 만든 어떤 결심

●

대부분의 사람은 결정하는 일을 주저한다. 주저한다는 건 너무 약한 표현일지도 모른다. 많은 이가 잘못된 결정을 내릴지도 모른다는 두려움으로 어떤 결정도 내리지 않기 때문이다. 그들은 망설이면서 시간이 지나기를 기다리며 상황이 알아서 해결되기를 바란다. 이렇게 행동하는 사람들이 인지하지 못하는 사실은 이미 수동적인 결정을 내리고 있다는 점이다.

왜냐면 그들이 직접 결정을 내리지 않는다고 해도 그렇게 행동한 데에는 결과가 뒤따르기 때문이다. 그러니까 당신은 당신이 영향을 미치지 않는 결과를 선택한 것이다. 당신의 의사와는 상관없이 세상은 쉼 없이 계속 돌아간다. 당신이 영향력을 행사하는지는 관계없이 당신의 삶에서는 끊임없이 다양한 일들이 발생한다. 하지만 그 결과가 당신에게 미치는 영향과 당신의 삶에 가져오는 변화는 멈출 수 없다.

내가 이 주제에 관해 이야기를 나누었던 큰 성공을 거둔 모든 이들은 흔쾌히 결정을 내리는 사람들이었다. 모두가 선천적으로 그러한 성향의 사람들이었던 것은 아니고 일부는 그렇게 되기까지 훈련이 필요했다. 그들이 모두 큰 인물이 될 수 있었던 것은 어떤 일이든 그 일이 흘러가는 대로 그냥 두지 않고 직접 결정을 내렸기 때문이다. 이루고자 하는 목표와 그것을 실현하기 위한 계획이 있다면 이제는 상황을 자신에게 올바른 방향으로 유도해야 한다. 과거에 당신에게 주입되었던 생각이 무엇이든 자신이 직접 결정에 영향을 미쳐야만 일이 올바른 방향으로 흘러갈 수 있다.

자신의 결정을 철저하게 관철하는 사람으로 전 독일 국가대표 축구선수 올리버 칸을 예로 들 수 있다. 골키퍼였던 그는 신인 시절 자신의 결정을 고수하기 위해 정신적으로 엄청난 노력을 쏟아야 했다. 세상에서 가장 뛰어난 골키퍼가 되는 것을 목표로 삼은 사람이라면 설령 경기에서 자신이 골을 막지 못해 팀이 지더라도 그 목표를 일관되게 추진하여야 한다. 바로 이러한 일이 그에게 일어났다. 게다가 부상까지 입고 말았다. 하지만 올리버 칸은 포기하지 않았다. 그는 실제로 자신의 성과를 증명해 보였고 세계 최고의 골키퍼가 되겠다는 결심을 꽉 붙잡았다.

경기장 관중석에 있는 사람들이 자신을 향해 야유하고 자신을 저주하는 것을 보는 기분은 마치 지옥에 떨어진 느낌이었을 것이다. 우리 중 대부분은 평생 그런 격렬한 반응을 겪을 일이 없다. 굳은 결심 없이 자신의 가치와 맞지 않는 선택을 한 사람들은 이보다 훨씬 작은 야유만으로도 무릎을 꿇게 된다. 하지만 칸은 단호하게 자신의 결심을 지켜 결국 세계 최고의 골키퍼로 선정되었다. 더불어 그는 수많은 상을 받았다. 이것은 그가 결정을 내리고 끈기 있게 관철하는 능력을 지녔던 덕분이다. 이로써 올리버 칸은 결정을 내리는 힘뿐만 아니라 규율을 엄격하게 지키는 사람의 좋은 본보기가 되었다.

공자는 기원전 5세기에 이미 규율이 우리의 삶에서 얼마나 중요하고 필수적인지 역설했다. "군자는 자기에게서 구하고 소인은 남에게서 구한다." 현대로 눈을 돌려 규율의 중요성을 강조한 사람에는 미국의 작가이자 강연자인 스티븐 코비가 있다. 그는 규율이 자유의 가장 높은 형태라고 보았다. 이 생각은 얼핏 역설처럼 보일지 모르지만 사실 규율을 지키는 사람만이 자신의 삶을 통제할 수 있는 법이다.

당신이 삶에서, 그것도 당신의 행동과 존재의 모든 차원에서 자기 규율을 함양할 수 있는 비결이 있다. 새로운 습관을 확립하는 것이다. 지속적인 규율을 몸에 익히는 것은 결국 습관과 다를 바가 없다.

두려움을 인정할 용기

●

용기 없는 삶은 음울하고 슬프다. '살아 있는 용기'라고 불리는 라인홀트 메스너는 목표를 이루기 위해 여러 번 자신의 목숨을 위험에 빠뜨렸다. 용감해지기 위해 반드시 자신의 목숨을 걸어야 하는 건 아니므로 다소 극단적인 예이긴 하다. 그러나 그는 용기와 관련하여 내게 많은 것을 알려 주었다.

다양한 선택지가 있는 상황에서 선택을 내리는 것만으로도 이미 충분히 용감한 것이다. "용기는 불확실한 상황에 부딪칠 수 있는 마음이다. 이때 아무 생각 없이 앞으로 밀어붙이는 것이 아니라, 충분히 생각한 바를 행동으로 옮기는 방식이어야 한다. 과장된 낙관주의 혹은 비관주의는 우리를 목표로 데려다주지 못한다. 이 둘은 적절하게 섞여야 한다. 위험 요소가 있다는 것을 인지하되, 그럼에도 행동하자. 그렇게 하면 당신은 그 위험 요소들을 줄일 수 있는 계획을 세우게 된다. 당신은 인생에서 예측할 수 없는 일들을 처리하는 법을 배울 수 있을 것이다. 그러면 뿌연 안개 때문에 보이지 않던 것도 뚜렷하게 드러난다."[41]

이런 말도 있지 않은가? '게임에 참여하는 사람은 질 수도 있지만 게임에 참여하지 않는 사람은 이미 진 것이다!' 삶도 게임과 다르지 않다. 앞서 말했듯 모든 것은 물물교환이다. 그저 당신이 세상에서 활동하고 성취하는 과정을 즐기자. 어차피 그걸

할 수 있는 시간도 잠깐일 뿐이다. 만약 게임에 참가하지 않는다면 당신은 나중에 후회하게 될 것이다.

용감한 사람은 겁이 없거나 두려움을 느끼지 못하는 게 아니다. 반대로 그 두려움을 온전히 받아들이기 때문에 용감해질 수 있다. 용감한 행동은 자신에 대한 믿음과도 관련이 있다. "자신의 능력을 믿고 어려운 도전을 견딜 수 있는 힘을 확장해 나가는 것이 비결이다. 어떤 산에 오르려고 마음먹었을 때, 최악의 상황이 일어날 수도 있다는 점을 생각하되, 그 생각 때문에 계획을 포기하지는 말자. 지나친 낙관주의는 당신이 제대로 된 장비를 챙기지 않거나, 일반적으로 잘못된 도전을 하도록 만들 것이다. (······) 건강한 비관주의는 위험 요소를 올바르게 인지하면서도 도전을 통해 성장하게 될 거라는 낙관주의를 덮어 버리지 않는다. 머릿속에서 실패의 노래를 부르는 사람은 절대 성공하지 못한다."[42]

그러므로 당신의 열정을 따르고 그 열정대로 살아갈 용기를 갖자. 어떤 일에 차츰차츰 대비하면서도 모든 상황에 대비할 수는 없음을 잘 알고 있는 현실적인 비관주의자가 되자. 혹시 일어날 수 있는 실패를 두려워하지 말고 승리를 기뻐하자. 전체적인 전쟁에서 승리하고도 그 과정에서 전투 한 번 정도 지는 것은 자주 있을 수 있는 일이기 때문이다.

5장

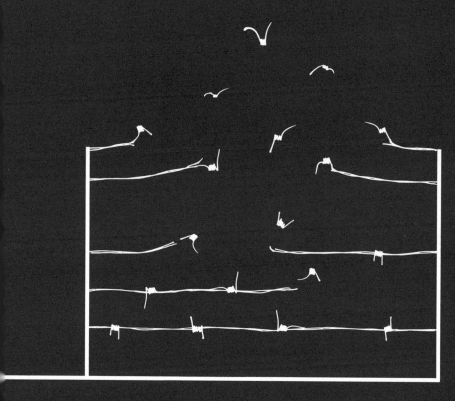

승자가 되는 마지막 관문

부정적인 영향을 주는 사람과 함께 불행할 것인지,
그 사람 없이 행복할 것인지는 당신이 선택할 문제이다.

이기주의자는 자기만의 세계에 산다. 이기주의자를 깎아내리는 말처럼 들릴 수 있지만 사실은 정반대이다. 이기주의자는 성장하고 발전하고 즐길 수 있는 현실을 직접 만들어 낸다. 많은 이가 현실을 잿빛 가득한 부정적인 것으로 바라보지만 이기주의자는 다채롭고 기회가 가득하다고 느낀다.

주변 사람들이 세상은 암흑이라고 세상을 긍정적으로만 바라보면 큰코다친다고 말해도 현혹되어서는 안 된다. 우리에게는 자기만의 세계를 창조할 권리가 있다. 『미르다드의 서』에 등장하는 문장이 이를 확인시켜 준다. "인간은 기저귀를 찬 신이다!" 이 문장은 인간이 세상을 자기만의 양식에 따라 구성할 능력을 가지고 있으면서도 다양한 이유로 그렇게 하지 않는다는 의미이다. 이기주의자일 때에만 그 기저귀를 뗄 수 있다.

그렇다고 해서 이기주의자가 현실감각이 떨어진다는 뜻은 아니다. 오히려 이기주의자만큼 현실을 잘 아는 사람도 없다. 그들이야말로 완전히 깨어 있고 단순하지 않기 때문이다. 그렇다면 이기주의자는 어떻게 이러한 속성을 지니면서도 동시에 자신만의 세계에서 살 수 있는 걸까?

매트릭스 효과: 어떤 알약을 선택하시겠습니까?

●

이기주의자만이 자신의 세계에서 산다고 주장하는 것은 지나치게 극단적인 주장이다. 모든 사람은 자신의 시각으로 세상을 바라본다. 누구나 현실을 있는 그대로 보지 않고 자신이 어떤 사람인가에 따라 다르게 바라본다.

한 실험에서는 실험 대상자를 방으로 들여보낸 뒤, 그곳에서 인지한 사실을 방에서 나와 설명하도록 했다. 그런데 모든 이가 각자 다른 것을 기억했다. 초점을 어디에 맞췄는지에 따라 보이는 것이 다르기 때문이다. 동물을 사랑하는 사람이라면 벽에 걸린 개의 그림이 눈에 띄었을 것이다. 음악을 좋아하는 사람이라면 벽에 걸린 개의 그림 대신 구석에 놓인 음반을 제일 먼저 발견했을 것이다. 똑같은 공간이었지만 방에 들어오는 사람들은 각자 다른 현실에 살고 있었다. 미국의 베스트셀러 작가 토니 로빈스가 즐겨 인용하는 실험이 한 가지 있다. 그 실험에서는 사람들에게 따뜻한 음료 또는 차가운 음료를 손에 쥐고 인물 사진을 보게 했다. 그리고 사진 속 인물이 어떤 성격인지 추측해야 했는데, 차가운 음료를 쥔 사람은 인물을 부정적으로 평가하는 반면 따뜻한 음료를 쥔 사람은 긍정적으로 평가하는 경향이 있었다. 같은 사진에 대한 평가인데도 말이다. 내가 말하는 핵심이 바로 여기에 있다.

인지는 사고방식뿐만 아니라, 외부 요인에도 영향을 받는다. 그러니까 내적, 외적 상황을 적극적으로 제어하지 않으면 다른 사람이 구성해 놓은 슬픈 현실 속에서 살게 될 것이라는 뜻이다. 중국에는 이와 관련한 매우 흥미로운 격언이 하나 있다. "재밌는 시간 속에 살기를." 이 문장은 당신이 원하는 대로 해석할 수 있다. 중국 사람은 문제가 생기면 부정적으로 보지 않고 더 나은 것으로 만들 수 있는 기회로 본다. 그렇게 함으로써 항상 재밌는 시간 속에 살 수 있게 된다.

인생에서 일어나는 일을 인지하는 방식에 적극적으로 영향력을 행사하지 않는다면 당신은 타인에게 조종당하는 느낌을 받고 무력해질 것이다. 이기주의자는 자신의 생각, 받아들이는 정보, 주변 환경을 제어함으로써 자신의 세계를 직접 구성한다. 이에 대해 차례차례 더 자세히 살펴보자.

무의식적으로 떠오르는 생각을 제어하라

●

이기주의자는 자신들의 사고는 물론, 다른 사람의 사고까지 제어할 수 있다는 사실을 알고 있다. 사람의 머릿속에는 매일 어림잡아 6만 개의 생각이 스친다고 한다. 굳이 뇌에 어떤 생각을 하라고 명령할 필요 없이 자동으로 이루어진다. 생각은 저절로 떠오른다. 여기에 위험 요소가 있다. 스스로 생각의 방향을 이끌고 조종하며 통제하지 못하는 사람은 무방비로 생각에 노출되는 셈이다.

모든 사람의 정신적 하드디스크에는 내용이 담겨 있다. 그중 일부는 외부에서 유입된 생각도 있고 어떤 것들은 우리가 스스로 생각해 내기도 했다. 그 출처가 어디든 우리는 우리의 생각을 제어해야 한다. 만약 비생산적인 생각을 한다면 멈추어야 한다.

이때 사용할 수 있는 몇 가지 기술이 있다. 약간의 고통을 가하기 위해 스스로를 꼬집을 수도 있고 부정적인 생각이 너무 자주 떠오른다면 손목에 고무줄을 끼워 튕길 수도 있다. 부정적인 생각을 짓밟기 위해 발을 구를 수도 있다. "꺼져 버려!"라고 외치는 방법도 있다. 기차와 같은 공공장소에서는 부적절하겠지만 그럼에도 만약 실천한다면 재밌기는 할 것이다.

어쨌든 여기서 중요한 건 당신의 생각을 제어하는 것이다. 긍정적이고 유용한 생각이 떠오르면 보상을, 부정적인 생각이 떠오르면 벌을 주자.

그렇다면 머릿속에 들여보내도 되는 생각은 무엇일까? 사람은 이미 머릿속에 저장된 생각의 영향을 받기도 하고 새로 들어오는 내용의 영향을 받기도 한다. 후자라고 해서 제어하기가 더 쉽지도 어렵지도 않다.

우리는 이미 머릿속에 있는 부정적인 생각과 싸울 때도 새로운 정보를 들여보낼 때와 마찬가지로 엄격하게 통제해야 한다. 당신이 국제적인 용병 사업과 관련된 일을 하는 사람이 아니라면 세계적으로 전쟁이 일어난다는 사실은 받아들이되, 매일 얼마나 많은 사람들이 죽고 어디에서 폭탄이 터졌는지 알아야 할 필요까지는 없다. 슬프고 끔찍한 마음이 드는가? 물론이다. 하지만 정기적으로 전쟁 정보가 머릿속으로 들어오도록 한다면 당신의 세계관에 영향을 미친다. 결국 세상의 아름답고 다채로운 면 대신 추악한 모습만 보게 될 것이다.

사고방식은 무엇에 집중할지 결정하는 데 영향을 미친다. 에너지는 주의를 기울이는 곳에 집중되므로 이것을 당신에게 유리하게 활용할 수 있다. 약간의 수고가 들어가는 일이긴 하지만 선택은 당신의 몫이며 당신의 운명을 지배하는 사람은 당신 자신이다. 당신의 삶으로 기꺼이 받아들이고 싶은 요소가 무엇인지 잘 생각해 보고 거기에 주의를 기울이자. 매 순간 최고의 것만 볼 수 있는 건 당신의 책임이지 결코 환경의 책임이 아니다.

주변 환경을 나를 위해 세팅하라

●

우리에게 정보와 사고보다 더 강렬한 영향을 미치는 것은 우리가 실제로 경험한 일들이다. 그러므로 당신을 둘러싼 세계는 당신이 무언가를 해내는 데에 결정적인 영향을 미치는 요소이다. 당신의 정서적 균형 또한 경험에 막대한 영향을 받는다. 그러므로 당신의 주변 환경과 주위 사람들을 제어하는 것은 중요하다.

당신에게 최대한의 효용을 가져다주고 당신을 행복하게 만들어 줄 수 있는 모습으로 당신의 세계를 구성하라. 당신의 주변 환경은 주어진 여건과 사람, 이렇게 두 가지 요소로 구성되어 있다.

전자는 제어하기 쉬운 대상이다. 당신이 사는 곳, 당신이 타는 차, 사무실 벽지의 색상, 당신이 묵는 호텔 등을 당신이 좋아하고 행복하고 편한 방식으로 정하자.

모든 것이 당신이 원하는 상태가 아니면 당신은 경직되고 말 것이다. 나는 레스토랑에 갔을 때 내가 앉을 자리를 유심히 고른다. 나는 주방 옆이나 출입구 쪽에 앉고 싶지 않다. 벽을 보고 앉는 대신 전망이 좋은 자리에 앉고 싶다. 그리고 나는 팔걸이가 있는 의자를 좋아한다. 팔걸이가 없는 의자에 앉아야 하는 건 정말 싫다. 편하게 팔을 걸칠 수 있는 것이 좋다. 나는 가끔 좋은 자리를 발견하는데 그 자리의 의자에는 팔걸이가 없을 때가 있다.

그럼 종업원에게 팔걸이가 있는 의자도 있냐고 묻는다. 그렇다고 하면 정중하게 그런 의자 하나를 자리로 갖다 달라고 부탁한다. 때로는 직접 의자를 옮기기도 한다. 이상하다고 생각할 수도 있지만 팔을 의자에 걸치고 있는 자세는 나를 행복하게 한다. 이런 행동은 왠지 마음이 언짢은데 부정적인 기분이 어디에서 비롯된 것인지 모르는 것보다 훨씬 낫다.

메뉴판에서 내가 먹고 싶은 것을 발견하지 못하면 주방에 다른 것을 준비해 줄 수 있는지 묻기도 한다. 나는 가능한 한 타협을 하지 않으려고 노력하며 주변을 내가 원하는 대로 구성한다. 마치 사막 위의 오아시스에 머무는 것과 같다. 나의 작은 세계에만 문제가 없다면 나를 둘러싼 모든 것은 좋지 않아도 상관없다.

두 번째 요소인 주변 사람은 제어하기가 쉽지 않다. 그들은 어디에나 있다. 그중에서도 직접적인 환경에 있는 가족, 동료, 친구, 지인들이 당신에게 가장 큰 영향을 미친다. 하지만 아무 예고도 없이 당신에게 치근대는 사람들도 있을 수 있다.

당신의 주변에 어떤 사람을 둘지, 당신은 꼼꼼하게 주의를 기울여야 한다. 사람이 가진 에너지는 매우 강력하기 때문이다. 당장이라도 부정적인 사람에 의해 밑으로 끌어당겨질 수도 있다. 당신에게 부정적인 영향을 미치는 사람들은 되도록 빨리 연락을 끊거나, 멀어져야 한다. 이것은 살면서 해야 하는 가장 어려운 일에 속한다. 상대의 관점에서 본다면 이는 대단히 무례한 행동이기 때문이다. 결국에는 당신이 상대를 '나에게는 좋지 않은 사람'으로 강등시키는 셈이지만 어쩔 수 없다.

당신에게 부정적인 영향을 주는 사람과 함께 불행할 것인지, 그 사람 없이 행복할 것인지는 당신이 선택할 문제이다. 상대가 나의 친구이거나 연인이라면 문제는 특히 더 어려워진다. 물론 당신은 우선 상대를 인생의 긍정적인 영역으로 같이 데려가고자 노력할 것이다. 그리고 그 사람이 당신의 인생에서 얼마나 중요한 사람인지에 따라, 당신은 이 시도를 꽤 오래 하게 될 수도 있다. 하지만 나아지지 않는다는 생각이 든다면 당신은 그 사람 없이 당신의 길을 가야 한다. 의미 없는 관계를 유지하기 위해 당신 삶의 성공을 포기할 수는 없다. 스스로 유토피아를 창조하자. 모든 것이 가능해 보이고 누구도 당신을 막을 수 없는 당신이 그 안에서 행복하고 당신의 기량을 충분히 펼칠 수 있는 세상을 만들자. 모든 이를 챙길 수는 없고 모든 이에게 맞춰 줄 수도 없다. 하지만 자기 자신이라는 한 사람을 만족시키는 일은 가능하다.

상대가 상황을 통제하고 있다고 느끼게 하라
●

입증된 효과를 보이는 성공 요인은 상대로 하여금 자신이 지금의 상황을 통제하고 있다는 느낌을 받도록 하는 것이다. 예를 들면 당신은 암시적 질문을 통해 이러한 효과를 보장할 수 있다. 이 질문들은 겉보기에는 당신이 상대에게 선택 가능성을 열어주는 것 같지만 실제로는 이미 정해진 대답이 포함되어 있다. 암시적 질문의 예시는 아래와 같다.

- 당신도 _라고 생각하시지 않나요?
- 여기에는 이견이 없을 것 같은데요, 안 그런가요?
- 당신도 나만큼 여기에 대해 잘 알고 있죠, 아닌가요?
- 당신도 분명 _라고 생각하고 있죠?
- 당신도 이 아이디어가 정말 천재적이라고 생각하고 있지 않나요?
- _는 우리 모두가 원하는 바 아닌가요?

상대에게 통제하고 있는 듯한 기분을 느끼게 해주는, 또 한 가지의 훌륭한 방법은 당신이 실제로 알고 있는 것을 모르는 척하는 것이다. 많은 인기를 누리고 있는 방송인 다니엘라 카첸베르거는 자신의 첫 책에 『영리해지고 바보인 척해라(Sei schlau, stell dich dumm)』라는 제목을 달았다. 이 책은 주간지 《슈피겔》의 베스트셀러 목록에 오르기도 했다.

자주 인용되는 철학자 소크라테스도 이와 같은 전략을 고대 그리스에서 성공적으로 실행했다. '소크라테스의 아이러니'는 자신이 우월하다고 착각하는 대화 상대를 함정에 빠뜨리거나,

그에게 교훈이나 깊은 생각 거리를 주기 위해 자신을 축소하여 보여 주는 (바보인 척 하는) 것을 의미한다. 당신이 가진 지식을 항상 바로 티를 내면 상대는 압박을 느끼거나 열등감을 느끼게 된다. 대화 분위기는 처음부터 '손상'되고 당신이 원하는 성공에 도움이 되지 못할 것이다.

사실관계를 이미 알고 있더라도 잘 모르는 척 질문을 던져 그가 어디까지 알고 있는지를 확인할 수 있다. 그러면 상대의 잠재력을 짐작할 수 있고 당신은 자원을 아껴 쓸 수 있다. 어쩌면 대화나 논의가 진행되면서 당신에게 매우 도움이 되는 정보를 얻게 될 수도 있다. 이처럼 말을 하거나 자신을 증명해 보이려는 충동을 통제하는 것은 중요하다.

목표를 소문내지 말 것

●

우리는 목표에 다다를 때까지 타인의 도움에 의존해야 하는 상황을 반복해서 마주하게 된다. 누구도 혼자 성공을 이룰 수는 없다. 세상에서 가장 큰 성공을 거둔 이들도 누군가의 도움을 받았다. 어떤 분야의 사업을 떠올려 보아도 마찬가지이다. 매니저, 직원, 보조 직원, 운전자 없이 사업가가 성공할 수는 없다. 그러나 이기주의자는 완전한 충성심은 없다는 사실을 안다. 가족 사이에서도 마찬가지이다. 그런 충성심은 어디에도 없다.

몇몇 상황이나 관계에서는 극단적으로 높은 충성심이 발견되기도 한다. 하지만 그것을 계속해서 보장할 수 있는 근거는 어디에도 없다. 어떤 카르텔도 폭력 조직도 회사도 정부도 우정도 가족관계도 마찬가지이다. 우리는 조건 없는 충성심을 맹세하고도 나중에 등을 돌려 적이나 배반자가 되는 예시를 수도 없이 목격한다.

완전한 신뢰는 자기 자신을 상대로만 가능하다. 그 외에는 아무도 완벽하게 신뢰할 수 없다. 가능한 한 다른 사람들과 함께 게임을 즐기되, 절대, 어떤 경우에도 다른 사람만을 믿어서는 안 된다. 당신은 언제나 자신을 상대로 가장 충성스러운 사람이 되어야 한다. 스스로를 믿을 수 있다는 느낌은 아주 좋은 느낌이다. 이 느낌을 자신감이라고 한다. 그런데 이 단어 또한 시간이 흐름에 따라 그 의미가 변질되었다.

성공하기 위해 당신이 꼭 명심해야 할 또 한 가지가 있다. 당신이 인생에서 이루고자 하는 바를 반드시 모든 사람들이 알아야 할 필요는 없다는 것이다. 어떤 사람들은 만나는 사람마다, 그 사람에게 자신이 얼마나 멋진 목표를 세웠는지 떠벌리고 다닌다. 그런 사람들에게 소셜 미디어 같은 수단은 아주 좋은 놀이터이다. 그곳에서는 모두가 자신이 얼마나 고귀한 목표를 세웠는지를 공표함으로써, 다른 이들에게 깊은 인상을 심어 주고자 한다. 어떤 계획을 세우는 것이 곧 무언가를 이룬 것인 듯 말이다.

그렇게 하면 적어도 크게 두 가지 면에서 불리해진다. 당신의 주변인은 그때부터 당신이 향하는 길을 날카로운 눈으로 관찰하게 될 것이다. 당신이 하는 일이 조금이라도 어긋나려고 할 때 그들은 당신의 능력에 의구심을 품거나, 심지어 당신을 비웃을 것이다. 적어도 그 사람들은 기회가 될 때마다 당신이 목표한 바에 얼마나 가까워졌는지에 대해 물을 것이다. 이것은 특히 당신이 뚜렷한 성과를 내지 못하고 있을 때 불편한 상황이 될 수 있다. 당신은 관찰과 주시의 대상이 되는 것이다.

두 번째 문제는 향후 있을 협상에서 당신이 불리한 처지에 놓인다는 점이다. 예를 들어, 당신이 공개적으로 더 많은 공간이 필요해서 사업장의 부지를 확장해야 한다는 말을 했다고 가정해 보자. 그 공간은 목장일 수도 대학 부지일 수도 공장일 수도 있다. 이웃하고 있는 부지의 소유주가 만약 당신의 입장에 대해 알게 된다면 당신이 연락을 걸어 오기만을 기다릴 것이다. 그는 당신이 그 토지를 꼭 필요로 한다는 사실을 알기 때문에, 자신이 원하는 값을 부를 수 있다.

당신은 상대에게 압력을 넣을 수 있는 모든 수단을 넘겨준 셈이다. 당신의 목표를 숨기고 당신의 이웃에게 매우 가볍게, 거의 무관심하듯이 토지의 매각을 제안했다면 당신은 그보다 훨씬 나은 입장에서 협상할 수 있었을 것이다. 당신에게 크게 이익될 게 없는 그저 재미를 위한 제안인 것처럼 행동하는 것이다. 물론 부동산의 가치는 꽤 높으므로, 그렇게 했어도 꽤 높은 비용을 들여야 했을 것이다. 하지만 적어도 당신의 계획을 공표함으로써 어쩔 수 없이 상대방의 의사에 따라 책정된 가격보다는 낮은 가격일 것이다. 이 원칙은 다른 사람들이 당신의 진정한 목표가 무엇인지 알지 못하는 편이 당신에게 유리한, 다른 많은 경우에도 적용된다.

상대를 무장 해제시키는 솔직함

●

긍정적인 태도를 유지하면서 최고의 것을 바라고 희망하는 자세는 좋다. 하지만 최악의 상황도 항상 같이 대비하고 있어야 한다. 세상을 언제나 장밋빛으로만 바라보려는 것은 좋은 태도가 아니다. 비관적인 낙관주의자가 되어야 한다.

만약 당신의 계획이 언제나 당신이 유리한 방향으로만 일이 흘러가는 상황을 전제하고 있다면 그 계획은 실패할 수밖에 없다. 만약 경험이 많은 사업 파트너나 경쟁자들을 상대해야 한다면 이들은 당신이 순진한 사람이라는 사실을 알아채면 이용하려고만 할 것이다. 그러므로 기대했던 대로 일이 풀리지 않더라도 놀라지 않고 잘 대응할 수 있도록, 예측할 수 없는 상황도 모두

계획에 포함시켜야 한다. 그렇지 않으면 혹독한 대가를 치르게
될 수 있다.

이기주의자가 결국 원하는 것은 자유로워지는 것이다. 자유는
이들에게 가장 높은 가치를 지닌다. 어떤 경우에도 강요나 억압
받는 상황을 피하고자 한다. 그래서 거짓말을 하지 않는다. 거짓
말은 대부분 들킬 수밖에 없기 때문이다. 거짓말을 들킨 상황에
서는 강요나 억압을 받을 가능성이 커진다.

거리낄 것 없이 솔직해지자. 그렇게 하면 당신은 순식간에 상
대를 무장 해제할 수 있다. 사실, 증거, 법이 모두 당신의 편이라
는 점을 상대에게 알리자. 협상할 때 상대방의 주장을 약하게 만
들기 위해, 거만하지 않은 방식으로 슬쩍 사실관계가 당신의 편
이라는 증거를 덧붙이자. 그러면 상대는 불안해지고 위축될 것
이다.

누군가 당신을 비난하는 상황에서, 그 비난 중 맞는 내용이 있
다면 이를 바로 확인해 주거나 인정하는 방법을 택할 수 있다.
이렇게 하면 끝없이 이어지는 싸움이나 협박을 애초에 무효화시
킬 수 있다. 그러면 비난을 피하기 위해 애쓰는 대신, 곧바로 문
제 해결에 대해 논의할 수 있고 상대는 당신을 협박하거나 억압
할 어떤 도구도 갖지 못하게 된다. 이러한 태도가 가져다주는 장
점은 또 한 가지가 있다. 당신이 실수를 인정하면 당신에 대한
신뢰도는 크게 상승한다. 이로써 당신이 그 이후에 말하게 될 내

용에 대한 믿음도 높아진다. 상대가 당신의 다섯 가지 장점에 확실한 흥미가 생기도록 만들고 싶다면 한 가지 단점부터 먼저 말해주자. 그렇게 하면 장점을 더 잘 믿게 된다.

이 방법이 효과가 있다는 사실을 입증하는 연구가 있다. 이는 1970년대 초반에 이루어진 조사였으며 듀크대학교의 심리학자 에드워드 존스과 에릭 고든이 진행했던 연구였다. 실험은 이렇게 진행되었다. 한 남자의 목소리를 녹음하여 이를 실험 대상자들에게 들려주었는데, 녹음된 내용은 그 남자가 사기를 당하는 바람에 반년 동안 학교에 가지 않았다는 내용이었다. 여기서 주목할 점은 녹음된 내용이 두 가지 방식으로 편집되었고 실험 대상자도 두 집단으로 나뉘어 각기 다른 방식으로 편집된 내용을 들었다는 사실이다. 대상자 중 한 집단은 학교에 가지 않았다는 고백을 먼저 들었고 다른 집단은 그 이야기를 마지막에 들었다. 순서의 변화는 발언하는 사람에 대한 실험자들의 평가에 의미 있는 영향을 미쳤다.

사기와 관련한 내용이 이미 앞부분에서 밝혀졌을 때, 그 남자는 반대의 경우보다 참가자들에 게 더 호의적으로 받아들여졌다. 이 실험을 비롯한 다른 연구들을 통해, 초반에 빨리 약점을 드러내는 것이 개방성과 신뢰도를 나타내는 것으로 여겨진다는 결론이 도출되었다.[43] 상대에게 솔직해지는 데까지 시간이 오래 걸릴수록, 상대가 진실을 깨달았을 때 느껴지는 쏠쏠함은 더

진해질 것이다. 상대에게 진실을 언제, 어떻게 알려 주는지 뿐만 아니라 어디서 알려 주는지도 중요하다. 당신이 만약 누군가에게서 무엇인가를 원한다면 그 사람의 영역으로 가서는 안 된다. 사람들은 자신의 영역에서 강하고 안전하다고 느끼기 때문이다.

만약 당신이 그 사람의 집으로 가서 그 사람이 내어주는 자리에 앉고 그 사람에게 무언가를 부탁한다면 이는 마치 당신이 그에게 탄원하는 것처럼 보일 것이다. 그래서 중립적인 장소를 제안하는 것이 좋다. 상대를 당신의 장소로 오게 하는 것은 가끔 좋을 때도 있지만 항상 그런 것은 아니다. 두 사람이 어떤 관계인가에 따라, 어쩌면 상대가 위축되거나 위협적이라고 느낄 수도 있기 때문이다. 그 결과 상대가 매우 조심스러운 태도를 유지하거나, 심지어 마음의 문을 닫아 버릴 수도 있다. 당신은 물론 상대가 이완되고 열린 자세를 유지할 수 있길 바랄 것이다. 그렇게 해야만 상대를 나의 편으로 끌어올 수 있기 때문이다.

피드백을 대하는 현명한 자세
●

이기주의자는 다른 사람의 말을 들을까? 정말 솔직하게 말하면 일반적으로는 그렇지 않다. 하지만 전문가의 피드백과 주변 사람의 피드백을 구분해 받아들인다. 물론 이기주의자라고 해서 모든 걸 알 수는 없다. 자신의 강점을 기르는 데에 집중하기에 자신이 잘하지 못하는 모든 것을 전문가에게 맡길 뿐이다.

당신이 현명한 이기주의자라면 법적인 문제에 직면한 상황에서 아무 말도 하지 않아야 한다. 그때부터 모든 것은 당신의 변호사가 알아서 처리해 줄 것이다. 법 전문가는 그 사람이며 그는 당신이 혹시라도 빠질 수 있는 모든 함정에 대해 잘 알고 있기 때문이다. 되도록 명성이 있는 최대한 큰 자아를 가진 변호사를 선임하자. 변호사들은 사실 승소 여부와 관계없이 시간당 수당을 받는다. 하지만 자신의 명성에 금이 갈까 염려하는 변호사라면 승리하기 위해 최선을 다할 것이다.

현명한 이기주의자는 자신의 세무 신고서를 직접 작성하지 않는다. 누구도 정글과 같은 세금 신고의 세계를 간파할 수 없기 때문이다. 심지어 세무사들조차도 애를 먹는다. 하지만 그들은 적어도 최신 프로그램을 갖추었으며 무엇을 찾아봐야 하는지 알고 있다. 그러므로 세무 처리는 전문가가 맡아서 처리할 수 있도록 하자.

만약 당신의 주치의가 당신에게 암이 있다고 한다면 이 분야의 대가들에게 확인받도록 하자. 그도 암이라는 걸 확신하면 그의 조언에 따라 치료하자. 증명된 전문가가 당신에게 조언한다면 그 조언은 들어야 한다. 자신의 편에 '진짜 전문가'가 있다는 것은 굉장히 큰 의미가 있다. 그들의 경력과 배경을 확인해 보고 정말 믿을 수 있는 전문가인지 꼼꼼하게 살펴보자. 그들의 서비스에 만족했던 고객과 만족하지 못했던 고객을 두루 만나 보고 그 전문가가 정말 당신에게 필요하고 적합한 사람인지 생각해보자.

전문가라는 타이틀을 검증받은 사람들만 쓸 수 있는 건 아니다 보니 누구나 자신을 전문가라고 소개할 수 있다. 그러므로 그 사람의 배경을 확인하는 것은 중요하다. 만약 자신을 전문가라고 칭하는 이가 자신의 신원이나 경력을 확인해 줄 사람의 이름을 대길 꺼린다면 차라리 다른 사람을 찾자. 이 모든 것은 결국 당신을 위한 일이기 때문이다. 당신은 프로들과 일해야 한다. 하지만 전문가들의 조언도 주기적인 확인을 거쳐야 한다. 어떤 분야는 명확한 전문가의 구분이 없을 수도 있다. 많은 교수들, PR 고문, 건강 관련 전문가들은 과거에 잘못된 진술을 한 경험이 있다. 보장할 수 있는 것은 없다. 그저 개연성이 더 높을 뿐이다.

예를 들어 전문가들의 의견에만 따랐더라면 에너지 드링크인 레드불은 탄생하지 못했을 것이다. 1980년대에 오늘날 수조 원의 자산가가 된 디트리히 마테시츠는 그 음료를 아시아에서 처음 접했다. 그는 셀 수 없이 많은 기업 자문단(즉, 각 분야의 전문가들)에 조언을 구했지만 열에 아홉은 그 음료를 유럽시장에서 판매하겠다는 계획을 말렸다. 그러나 레드불은 2018년 한 해 동안 전 세계에 68억 캔이 팔렸다. 회사가 설립된 이래로는 160개국 이상의 나라에서 810억 캔 이상이 팔렸다. 그러니까 가끔은 그저 당신의 직감을 믿고 따라야 한다. 물론 좋은 의도로 건네는 주변 사람들의 조언도 있다. 이 조언은 일반적으로 가치가 덜하며 이기주의자는 그런 의견이 있다는 것을 듣기는 하지만 주로 무시한다.

빌 게이츠가 만약 부모의 말을 따랐다면 오늘의 마이크로소프트는 없었을 것이다. 알베르트 아인슈타인이 주변 사람들의 말을 들었더라면 그는 구두장이가 되었을 것이다. 당신에 대해서는 당신 자신이 제일 잘 안다. 당신은 스스로 결정을 내려야 한다. 특히 당신의 주변 사람들은 각자의 이익을 좇으며 그에 맞는 조언을 당신에게 하게 된다. 당신의 부모는 당신을 보호하고 싶으므로 위험한 일은 무조건 말리려고 할 것이다. 아니면 그들은 당신을 부끄러워하고 싶지 않기 때문에 실패할 확률이 높은 모험은 부정적인 시각으로 볼 것이다.

당신의 배우자는 당신과 더 많은 시간을 보내려고 당신이 경력을 확장하거나, 일에 더 많은 시간을 할애하는 것을 말리려고 할지 모른다. 당신의 친구들은 상대적인 실패자가 되고 싶지 않으므로, 당신이 진급을 위해 애쓰는 것을 말리려고 할지 모른다. 이것 말고도 대부분의 사람들은 항상 잘못 생각하고 있다. 대중은 대세를 따르므로, 언제나 잘못된 편에 서 있다.

이와 관련한 다양한 통계를 살펴보자. 직장과 연인 관계에서

의 행복, 재정적인 대비, 자산, 건강, 교육 등등. 일반 대중은 성공
적이지 않다. 그러므로 만약 당신이 성공하고 싶다면 절대 대중
의 말을 들어선 안 된다. 주변 사람이 건네는 조언이 틀렸을 가
능성은 너무도 크다. 주변 사람들의 조언들을 듣고 그에 대한 판
단을 내릴 수 있겠지만 결국에는 당신의 직감에 따라, 당신 자신
의 이익에 맞춰 결정을 내려야 한다. 당신이 한 행동과 하지 않
은 행동 모두에 대한 대가를 치르는 사람은 당신이다.

　만약 당신이 삶에서 답을 구하고자 한다면 먼저 제대로 된 질
문을 해야 한다. 6장에서는 미하엘 야거스바허 코치가 독자들을
성공의 길로 안내하기 위해 제대로 된 질문을 하는 법과 제대로
된 자극을 제공할 것이다. 야거스바허는 오스트리아에서 가장
인기가 많은 코치 중 한 명이다. 그를 텔레비전에서 본 적이 있
거나, 강연을 직접 들은 사람이라면 그가 인기 있는 이유를 알고
있을 것이다. 그는 적절한 시기에 제대로 된 질문과 제대로 된
답변을 배치하는 것에 통달한 사람이다. 그럼 이제 야거스바허
코치가 이기주의자가 되는 방법에 대해 알려 줄 것이다. 당신이
계획하는 바가 무엇이든 좋은 성과가 있길 바란다.

많은 이가 현실을 잿빛 가득한 부정적인 것으로 바라보지만
이기주의자는 다채롭고 기회가 가득하다고 느낀다.

6장

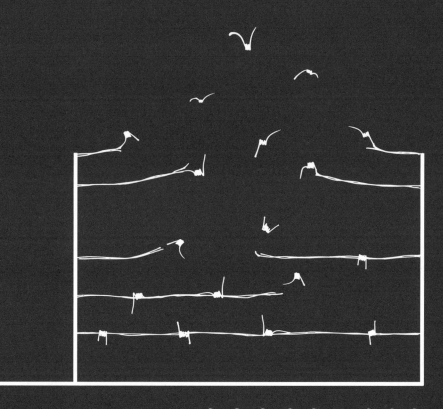

내 안의 같잖은 위선과
작별하는 법

– 미하엘 야거스바허의 코칭 팁

당신은 삶의 모든 영역에서 기준을 세워야 한다.
그렇지 않으면 다른 이들이 당신 대신 기준을 세우려고 들기 때문이다.

여기까지 읽은 독자라면 자신의 주장을 확고하게 내세우고 스스로에 대한 책임을 지며 자신의 목표를 좇는 일이 얼마나 중요한지 이미 알고 있을 것이다. 깨달은 내용을 실천할 수 있도록 삶을 더 나은 방향으로 바꾸는 데 도움이 되는 몇 가지 방법을 정리해 보았다. 아주 작은 것들을 바꿈으로써 큰 효과를 볼 수 있다.

나는 당신이 스스로에 대한 인식을 점차 바꿔 나갈 수 있도록 내용을 엄선했다. 내 조언을 삶에 적용하여 당신의 인생이 새로운 차원으로 한층 업그레이드된다면 정말 기쁠 것이다. 조언을 실천하는 과정에서 큰 재미를 느끼기 바라며 좋은 성과가 있길 바란다.

올바른 습관을 들여라

●

나쁜 습관처럼 떨치기 어려운 일도 없다. 그 어려움은 나도 잘 알고 있지만 그래도 여기서는 나쁜 습관을 버리고 새로운 습관을 들이는 법을 소개할 것이다. 오스트리아 작가 마리 폰 에브너에셴바흐는 다음과 같은 말을 남겼다. "습관은 사랑보다도 오래 지속되며 가끔은 경멸도 극복한다." 당신의 삶을 구성하는 것은 습관이며 습관은 삶에 대한 만족감과 행복을 결정하는 기반이다. 그러므로 우리는 습관을 들이는 법을 자세히 살펴봐야 한다.

습관은 곧 목표이다

· · · · · · · · · ·

목표는 모든 습관의 기본이다. 놀라울 정도로 많은 사람이 구체적인 목표 없이 인생을 항해한다. 이 책에서는 이미 목표에 대한 이야기를 했지만 특히 이번 단락에서는 목표를 더 구체적이고 명확하게 표현하는 방법을 소개하고자 한다. 어떤 목표든 가능한 한 구체적이면 좋다. 다음과 같은 문장들은 새로운 습관을 들이는 데 도움이 되지 않는다.

○ 살을 빼고 싶어.

○ 운동을 더 많이 하고 싶어.

○ 행복해지고 싶어.

무엇이 잘못되었는지 알겠는가? 이 문장들은 너무 두루뭉술하게 표현된 데다가, 앞으로 어떻게 해야 할지가 불명확하다. 이때 "살을 빼고 싶어!"라는 문장 대신 빼고 싶은 구체적인 체중을 적을 수 있다. 그보다 나은 방법은 체질량지수(BMI)를 기준으로 삼거나, 체질량 비율을 정확히 계산하는 것이다. 수치를 기준으로 삼으면 보다 구체적인 목표를 명확하게 세울 수 있다.

예를 들면 이런 식이다. "나는 2020년 12월 31일까지 10킬로그램을 감량하고 싶다. 이 목표를 이루기 위해 일주일에 두 번 근력 훈련을 하고 자주 산책도 할 것이다. 군것질과 고기는 일주일에 두 번만 (주로 주말) 먹을 것이다!" 훨씬 더 구체적으로 적을 수도 있겠지만 이 정도만 해도 앞으로 어떻게 나아가야 할지 충분히 알 수 있다. 새로운 습관을 들이기 위해서는 해당 분야에 관한 지식도 습득해야 한다. 예를 들어, 체중 감량에는 식이 조절이 필수라는 사실을 알지 못하면 완전히 잘못된 방향으로 가게 될 수도 있다.

이러한 접근 방식은 삶의 모든 영역에 적용될 수 있다. 당신이 무엇을 원하는지 연구하고 그에 관한 지식을 습득한 뒤 당신이 최선의 방법이라고 생각하는 길을 택하라. 만약 이 과정이 어렵게 느껴질 경우 전문가의 조언을 얻자. (전문가의 조언은 5장의 '피드백을 대하는 현명한 자세' 부분을 참조하자.)

끈기를 갖자
··········

하지만 이 과정이 습관으로 자리 잡기 전까지는 어느 정도의 시간이 필요하다. 당신이 끈기를 갖고 여기서 배운 바를 실행에 옮길 수 있기 위해서는 당신이 세운 목표가 실제로 당신의 것이어야 한다. 현실에서는 많은 사람들이 열정을 느끼지 않는 대상을 다른 사람들이 목표로 삼는다는 이유로 자신의 목표로 세운다. 당신이 열정을 느끼는 것을 해야지 다른 사람들이 그 일을 해야 한다고 말하기 때문에 해서는 안 된다. 다른 사람의 목표가 아니라 당신의 목표를 향해 달리자.

당신이 세운 목표를 향해 지속적으로 달리기 위해서는 스스로 그 목표를 매력적이라고 느껴야 한다. 자신을 격려하는 방법 중 한 가지는 스스로에게 단계별 목표에 따른 보상을 제공하는 것이다. 예를 들면 앞서 거론한 예에서 당신이 일주일 동안 계획했던 라이프 스타일에 따라 살았다면 보상으로 마사지를 받으러 가는 것이다. 다음 보상은 3주간 계획을 잘 지켰을 때 그다음은 6주간 잘 지켰을 때 스스로에게 보상을 제공하면 당신의 목표를 이루게 해줄 그 습관이 자리잡게 될 확률이 높아진다. 개인의 선호에 따라 비슷한 목표를 가진 친구를 찾는 게 도움이 될 수도 있다. 이기주의자라면 자신의 목표를 이루기 위해 타인에게 의존하지 않는 것이 맞지만 이러한 방법도 있다는 것을 참고하길 바란다.

어쨌든 결정을 내려라

●

결정을 내리는 것은 당신을 위해 옳은 길과 잘못된 길을 구분하고 옳은 길을 선택한다는 걸 의미한다. 많은 사람은 잘못된 결정을 내릴까 두려워서 결정을 내리지 않는다. 결정을 내리지 않는 것은 선택 가능한 결정 중 최악의 결정이다.

2차 세계대전의 영웅으로 프랑스 대통령을 지낸 샤를 드골은 이러한 사실을 정확히 인지하고 있었다. "불완전한 결정을 내리는 것이, 절대 존재하지 않는 완전한 결정을 찾아나서는 것보다 낫다." 그 결정이 옳은지 틀린지는 시간이 지나 봐야 알 수 있다. 어떤 결정도 내리지 않는다면 교훈을 얻을 기회도 없다. 우리는 기회가 될 때마다 교훈을 얻을 수 있도록 노력해야 한다.

선택지 생성하기

....

선택 가능성은 결정의 기초이다. 당신은 삶에서 정말 모든 것을 결정할 수 있다. 당신은 누구와 시간을 보내고 싶은지 결정할 수 있다. 당신은 무엇을 하면서 시간을 보내고 싶은지 결정할 수 있다. 당신은 어떤 책을 읽을지, 어떤 음식을 먹을지 결정할 수 있다. 당신은 어떤 직업을 선택할지, 어떤 라이프 스타일로 살지 결정할 수 있다. 이 모든 요소들은 돌에 새겨진 내용이 아니다. 당신이 지금 살고 있는 삶도 결국은 당신이 지금까지 살면서 내린 결정의 결과이다. 당신은 그 결과에 만족하는가? 좋다! 불만족스러운가? 그렇다면 지금부터 상황을 바꾸기 위한 결정을 내리자.

우선 문제 상황에 대한 해결 전략을 세우자. 만약, 당신의 아이가 자야 할 시간에 침대로 가려고 하지 않는다고 가정해 보자. 일부 부모들이 크게 어려워하는 상황이다. 이러한 문제에 직면했을 때 아이에게 윽박지르거나 침대로 가도록 강요하는 대신 선택할 수 있는 다른 행동을 최소 다섯 가지 나열해 보자.

- 잠자기 전에 읽는 동화책 읽어 주기
- 군것질거리를 주겠다고 약속하기
- 아이와 한 침대에서 같이 잠들기

○ 아이의 곁을 지켜 줄 수 있는 부드러운 인형 고르기

○ 수면등 켜두기

선택 가능한 방안은 무궁무진하다. 그것은 당신이 삶에서 마주치는 모든 상황에서도 마찬가지이다. 이러한 연습 방법은 당신의 창의성을 키우고 그것이 당신의 삶에 통합되도록 하는 데 도움을 줄 것이다. 문제는 발견했지만 해결 방안을 찾을 수 없는 사람은 결정을 내릴 수도 없다. 어떻게 해야 할지를 모르는데, 어떤 결정을 내릴 수 있겠는가?

자러 가기 싫어하는 아이의 예를 다시 한번 들어보자. 당신은 아마도 두 번째 방법은 선택하지 않을 것이다. 어쩌면 여러 가지 선택지를 동시에 선택할 수도 있다. 즉, 수면등을 켜놓는 동시에 아이에게 인형을 안겨줄 수도 있다. 또는 완전히 다른 방법이 생각날 수도 있다. 모두 좋다. 그런 방식으로 결정 능력을 향상해 나가면 된다. 당신에게 가장 좋은 선택지가 낙찰될 것이다. 결정을 내리는 과정은 이렇게 진행된다.

자신의 삶에 대한 통제권 얻기
·········

우리는 여러 개의 선택지를 갖게 되었다. 다음으로 자신의 삶

에서 통제권을 행사하는 것을 연습할 차례이다. 우리는 의식하지 못하는 사이에 많은 결정을 내린다. 연습해야 할 것은 아무리 평범해 보이는 일일지라도 의식적으로 결정을 내리는 것이다.

예를 들어 당신의 연인이 당신에게 점심으로 무엇을 먹을 거냐고 물었을 때 더 이상 "아무거나!"라고 대답하지 말고 결정을 내리자. 영화관에서 자리를 예매할 때 직원이 어떤 자리가 좋으냐고 물으면 "괜찮은 자리로 알아서 끊어 주세요!"라고 답하지 말자. 평범하고 작은 일일지라도 결정을 내려야 하는 상황에서 주도권을 잡는 방법을 배우고 나면 직업을 선택하는 것 같이 중요한 사안에도 적용할 수 있을 것이다. 여기서 중요한 건 결정을 내린 후에는 틀린 선택이었을 때만 수정하는 것이다. 이기주의자는 실수를 통해 배우므로 스스로에게 실수를 허용할 줄도 알아야 한다.

당신의 드라이버를 찾아라

●

교류분석이론(인간의 교류 및 행동에 관한 이론체계)은 우리의 내면에 자리 잡고 우리에게 영향을 미치는 드라이버(Driver, 어린 시절부터 반복적으로 들어 우리의 성격에 크게 작용하는 강력한 명령 – 옮긴이)를 잘 나타내는 모델을 발견했다. 이는 우리의 행동과 사고방식의 기초를 잘 드러내며 다섯 가지의 서로 다른 형식으로 나타난다.

- ○ **완벽해져라**
- ○ **강해져라**
- ○ **노력해라**
- ○ **서둘러라**
- ○ **친절해라(모두의 마음에 들도록 해라)**

교류분석은 이러한 드라이버가 우리의 가치 체계에 지속적으로 영향을 미친다는 점을 전제하고 있다. 이는 우리가 어린 시절부터 배워 온 것들이며 우리 자신에 대한 의견과 세계관에 영향을 미친다. 모든 드라이버는 매우 다양한 형태로 나타나며 우리 성격의 일부이다. 이 중 몇 가지 가치의 영향을 강하게 받으면 받을수록 우리가 받는 스트레스는 심해진다. 우리가 항상 모든 것을 완벽하게 해야 한다는 충동에 사로잡혀 있다면 우리는 시간이 흐름에 따라 지치고 말 것이다. 특히, 그 과제가 완벽해야 할 필요가 없는 경우라면 더욱 그렇다.

만약 내가 항상 강해야 한다는 확신에 사로잡혀 있으면 나는 절대 실수해서는 안 되고 강함을 드러내지 않는 감정을 보일 수도 없다. 항상 노력하고 애써야 한다는 생각이 나의 드라이버인 경우, 나는 성과를 내가 애쓴 정도에 따라서만 정의할 것이다.

내가 노력을 많이 기울이면 기울일수록, 내가 이룬 성과도 컸다고 생각하게 될 것이다. 나의 과제가 100퍼센트 전력을 다할 만한 일이 아니었음에도 말이다. 서둘러야 한다는 생각이 나를 지배한다면 나는 모든 과제를 최대한 빠르게 해결하려고 하며 충분히 즐기지 못할 것이다. 그 과정에서 스트레스를 받게 됨은 당연한 결과이다.

우리의 논의에서 마지막 형태의 드라이버는 가장 중요한 의미를 지닌다. 만약 당신이 모든 사람을 만족시키려고 한다면 당신은 스스로를 돌보지 않고 무시하는 셈이다. 참고로 덧붙이자면 아무리 노력한다 해도 모든 사람을 만족시키는 것은 불가능하다. 이 생각에 강하게 사로잡혀 있을수록 이기주의의 실현은 더 멀어진다. 당신은 다른 사람들의 욕구를 만족시킨 다음에야 스스로가 중요한 사람이라고 생각할 것이다.

이것은 당신이 아무리 큰 부담과 스트레스를 느끼더라도 당신의 주변 사람들은 만족해야 한다는 생각이다. 이렇게 생각하는 사람들은 항상 '네'라고 대답해야 하며 평화와 조화를 이루기 위해 최선을 다하게 된다. 이것은 불행으로 가는 가장 확실한 방법이다.

드라이버가 있는 곳에는 허용도 있다. 이것은 드라이버를 제재해 준다. '모두를 만족시켜라'라는 문장에는 '나는 아니라고 답해도 괜찮다'라는 허용의 문장이 따른다. 이 문장을 적어서 사무실, 서재 컴퓨터 옆 등등, 당신이 많은 시간을 보내는 장소에 붙여 두는 게 좋다.

피해자처럼 생각하지 마라
●

철학자 루트비히 비트겐슈타인은 언어가 우리 삶의 형성에서 얼마나 중요한 역할을 하는지 알고 있었다. 그는 "내 언어의 한계는 내 세계의 한계이다!"라는 말을 남겼다. 나는 여기서 한 걸음 더 나아가 이렇게 말하고 싶다. "자신에 대해 어떤 방식으로 말하는지가 삶의 질을 결정한다."

자신과 어떻게 대화할 것인지는 스스로 결정해야 한다. 누구도 당신에게 자기 자신과 소통하는 방식을 지시할 수 없다. 하루 24시간 동안 매일매일 실행해야 하기 때문이다. 여기서 말하는 자신과의 대화 방식은 자신의 삶을 계속해서 긍정적으로만 해석하는 걸 의미하는 게 아니다. 당신이 존중받을 만한 사람이라는 걸 내적으로 먼저 깨달아야 한다. 자기 자신에게 말을 걸 때도 애정과 존중을 가득 담는다면 당신 주변을 둘러싼 모든 것이 다르게 해석될 수 있다.

이기주의자는 삶의 방식, 자신의 행동과 그 결과를 온전히 책임진다. 솔직히 말해서 이렇게 할 수 있는 사람은 많지 않다. 많은 경우 희생양을 찾고 대부분의 사람들은 스스로를 그 상황의 피해자처럼 보이고자 한다. 하지만 내가 피해자인 상황에서는 주변과 주어진 조건에 의존적일 수밖에 없으므로, 실질적인 의미의 자유를 누릴 수 없다. 피해자 문장은 다음과 같다.

○ 나에게는 통제권이 없어.

○ 나는 어쩔 수 없었어.

○ 나는 너무 멍청해/작아/커/취했어/말랐어/똑똑해 등등

○ 그건 내 능력 밖이야.

○ 이 상황에서 어쩔 수 있겠어?

○ 그건 다른 사람들이 결정할 일이야.

○ 그건 정치인들/나의 부모님/경제 상황/세무서/나의 이웃/나의 친척/나의 동료/나의 아내/나의 남편/속도 제한/날씨 탓이야.

이 문장들은 당신의 입장을 고정해 버리며 당신의 실행 능력을 빼앗아 간다. 건강한 이기주의자는 가능한 한 빨리 이러한 표현에서 벗어나야 하며 자유를 주는 더 생산적인 문장으로 대체해야 한다. 위의 문장은 아래의 질문과 문장으로 대체하자.

○ 어떻게 하면 통제권을 되찾을 수 있을까?

○ 이 결과/상황/반응과 나와의 관련성은 무엇인가?

○ 나는 내 행동에 대해 100퍼센트의 책임이 있다.

○ 오늘 나를 위해 어떤 좋은 일을 할 수 있을까?

○ 어떻게 하면 더 멋진 삶을 살 수 있을까?

○ 어떤 방향으로 갈지는 내가 결정한다.

감사함을 표현하라

●

정지 기술('난 할 수 없어'와 같은 부정적인 생각에 제동을 가하는 기술)은 당신의 생각이 잘못된 방향으로 향하고 있다는 점을 인지했을 때 쓸 수 있는 매우 좋은 방법이다. 그렇게 하면 스스로에게 주의를 기울일 수 있게 된다. 하루를 마무리하는 좋은 방법은 일기를 쓰는 것이다. 매일 저녁 당신이 감사해하는 세 가지를 쓰는 것이 가장 이상적이다. 예를 들면 다음과 같은 방식으로 쓸 수 있다.

○ 나는 내가 건강하다는 사실에 감사하다.

○ 나는 내 머리 위에 지붕이 있다는 사실에 감사하다.

○ 나는 내일 또 즐기게 될 모닝커피에 감사하다.

매일 저녁 하루 동안 경험한 것 중 당신이 감사하다고 생각하는 일을 세 가지씩 적자. 30일이 지나면 당신의 일기장에는 당신이 감사하다고 생각하는 90가지의 일들이 적혀 있을 것이다. 중요한 것은 좋은 기분을 끌어올리기 위해 매일 이 문장들을 읽는 것이다. 특히 아침에 읽는 것이 좋다. 당신은 이 습관이 하루를 기분 좋게 시작하게 만든다는 사실을, 또 예전보다 정지 기술을 훨씬 덜 쓸 수 있도록 만든다는 사실을 깨닫게 될 것이다. 아침에 신문 대신, 당신의 일기장을 읽는 습관을 들여 보자.

숙련자들을 위한 팁

. . . .

당신이 인생의 부정적인 상황도 감사할 수 있으면 그 어떤 것도 당신을 가로막지 못할 것이다. 문제 상황이나 어려움에 직면하더라도 그 안에서 의미를 찾을 수 있다면 감사한 마음을 가질 수 있다.

○ 연인이 떠나가는 이유는 다른 이가 나에게 더 어울리기 때문일 수도 있다.
○ 상사와의 갈등은 직업에 대해 다시 생각할 계기가 되어 줄지도 모른다.

당신이 이렇게 생각할 수 있다면 내면의 중심을 잘 유지하며 삶을 가꾸는 데에 더 헌신할 수 있게 될 것이다. 또한 균형 잡힌 태도로 행동할 수 있게 될 것이다.

두려움에 대항하라

●

대부분 두려움에 대한 두려움이 문제가 된다. 두려움은 사실 좋은 역할을 할 수 있는 본능이다. 두려움은 도전 상황을 극복해낼 에너지를 준다. 어려움에 맞서서 이를 극복하기 위해 그 원천을 쥐어짤지 그저 도망갈지는 당신 손에 달렸다. 우리는 자신에 대한 분명한 이미지를 갖고 있으며 이에 근거하여 판단을 내린다. 이 이미지는 그 힘과 형태를 과거에서 끌어온다. 우리는 우리 자신이 과거에 반응했던 것처럼 반응하리라고 생각한다. 하지만 누가 그렇게 말했는가? 당신은 어쩌면 어제와는 다른 사람이 되기로 결심했을지도 모르지 않는가. 도발적으로 들리는가? 좋다!

『미르다드의 서』에 나온 것처럼, "인간은 기저귀를 찬 신이다." 인간은 자신으로부터 모든 가능성을 끌어내는 데 필요한 능력을 갖추고 있다. 잠시 잊고 있을지 모르지만 인간은 누구나 잠재력을 지니고 있다. 그러므로 과거와 '두려움에 대한 두려움'에 잠식되지 말자. 실패도 당신이 참여하고 있는 인생이라고 불리는 게임의 일부이다. 이와 관련하여 좋은 격언이 있다. "나는 절대 지지 않는다. 나는 이기거나, 배울 기회를 얻을 뿐이다!" 이와 같은 태도를 유지한다면 많은 일들이 훨씬 쉬워질 것이다. 동시에 당신은 당신이 정신적으로 좋은 상태를 유지할 수 있도록 신경 써야 한다. 어떻게 하는지 알고 싶은가? 이는 당신이 인생에서 이룬 모든 것들과 당신이 잘할 수 있는 것들을 생생하게 표현함으로써 실현할 수 있다.

당신이 잘하는 일, 그리고 당신이 스스로 높이 평가하는 점을 적어도 100가지 적어 보자. 100가지가 많아 보인다는 것은 나도 안다. 하지만 내가 1000가지라고 말하지 않은 것을 다행으로 생각하고 한번 적어보자. 당신에 관한 긍정적인 것들을 알아낼수록, 잠시 지나가게 될 실패에 개의치 않는 태도를 유지하기가 쉬워진다. 실패에 대한 두려움은 스스로를 소중히 여길 줄 모르는 사람이 갖는 것이다. 자신을 소중하게 여기는 것은 당신 자신만이 할 수 있는 일이다. 그러니 펜과 종이를 들고 한번 적어보자! 그럴 만한 가치가 있다.

내 안의 가치를 찾아라

●

18세기 독일의 문학가 요한 고트프리트 조이메는 다음과 같은 말을 남겼다. "현자는 자신을 존경하냐고 묻지 않는다. 그 자신만이 자기의 가치를 결정하기 때문이다." 당신만이 당신의 가치를 정한다. 그뿐만 아니라 당신이 어떤 가치에 따라 행동할지도 당신이 정한다.

아래에는 당신이 살펴볼 수 있는 200개의 가치 리스트를 준비해 두었다. 각 행에서 가장 눈에 띄는 가치를 적자. 그리고 선택된 가치들을 나란히 정렬하자. 첫 행에서 조화를 고르고 두 번째 행에서 향유를 골랐다면 그 둘 중 어떤 가치가 그다음 단계로 진출할지 결정해야 한다. 도표에서는 '조화'가 A 자리에, '향유'가 B 자리에 오게 될 것이다. 두 가치를 비교해서 더 중요하다고 생각되는 가치가 다음 단계로 진출하는 것이다. 그렇게 하다 보면 마지막에는 당신이 가장 우선시하는 가치만 남게 된다.

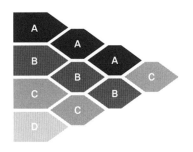

가치 리스트		
1	조화	느긋함	변화
2	자유	능력	향유
3	책임	소통	정중
4	행복	신뢰	질서
5	신의	창의성	아름다움
6	진심	활기	성장

7	신중	겸손	감사
8	동감	놀이	깊이
9	의미	발전	안전
10	유머	수용	관용
11	경쾌함	힘	부드러움
12	기쁨	감각	삶의 의욕
13	미적 감각	다양성	태연함
14	스포츠 정신	카리스마	살림 능력
15	지식	통찰	참여
16	사랑	지혜	배려
17	흥분	쾌락	융통성
18	즐거움	명료함	개방성
19	관대함	정확성	냉철함
20	신빙성	끈기	모험
21	전통	고향	세계 시민이 되는 것
22	성공	평화	측근
23	자연	감격	지속가능성
24	자율	균형	교류
25	평온	건강	영성
26	존중	확신	자연스러움
27	열정	충성	풍부한 아이디어
28	결속	효율	생산성
29	진정성	활동성	야망
30	황홀감	위험	생기
31	규율	헌신	온전함
32	이타주의	이기주의	소박함
33	일관성	영향	권력
34	힘	충만함	명예
35	유일함	지각	전문성
36	공평함	가족	용기
37	지도	자유로운 이동	집중

38	흐름	정의	확실성
39	부	믿음	영웅 정신
40	솔직함	도전	직감
41	지성	고요함	희생
42	신용	친밀함	전념
43	기량	협동	배움
44	고독	온화함	동정
45	조정	의무	질서
46	실용주의	공상	호기심
47	자기 책임	자아실현	순수함
48	자제	민감	영혼의 깊이
49	자기 확신	의의	절약
50	성숙	긴장	즉흥성
51	힘	시너지	사치
52	놀라움	독립성	몽상
53	야생성	진실	기적
54	명랑함	사회	온기
55	성과	소속감	사회성
56	즐거운 시간	균형	존엄
57	조심스러움	기쁨	태연함
58	실효성	진지함	안정성
59	효율성	자연스러움	평가
60	고의성	총명함	면밀함
61	희망	합의	겸손함
62	낙천성	사려 깊음	인정
63	활발함	인내심	호의
64	결합	변화	독창성
65	융합	완벽	인생의 즐거움
66	진보	보호	이상주의

당신이 선택한 가치는: _____

그렇다고 해서 이 과정을 거쳐 최종적으로 도출된 가치에만 매몰되어서는 안 된다. 여러 단계를 거쳐 살아남은 가치들도 주의 깊게 살펴보자. 그 가치들도 당신과 당신의 생각에 큰 영향을 미칠 수 있다. 성공적인 자기 탐구가 되길 바란다.

제대로 협상하라

●

이제 당신은 거절하는 법을 연습하는 일이 중요하다는 걸 잘 알고 있을 것이다. 초기에는 이베이(eBay) 등과 같은 디지털 경매 플랫폼이 연습하기에 적합하다. 그곳에서는 협상 상대를 알지 못하기 때문에 마음 놓고 협상의 기술을 연습할 수 있다는 장점이 있다. 협상에서는 이 말을 기억하자. "첫 제의에 절대 '예'라고 답하지 마라!"

사실, 현실에서 협상을 연습하기는 어렵다. 협상은 모든 사회적 맥락과 상충하기 때문이다. 협상에서는 사회가 우리에게 바라는 것처럼 우리가 상대를 만족시키려고 노력하는 것이 아니라, 우리 자신의 목표를 좇아야 하니 어려울 수밖에 없다. 최근에 나는 오픈 마켓에서 시계 한 개를 팔았다. 구매자는 시계 가격을 조정해 줄 수 있냐는 말을 다음과 같이 표현했다. "뻔뻔하게 굴려는 건 아니지만 혹시 가격을 조금 하향 조정해 주실 수 있나요?" 우리 문화권에서는 협상을 뻔뻔한 것이라고 여긴다. 그런 사회적 문화는 잊어 버리자. 뻔뻔해져도 좋으니 당신에게 가장 최선의 결과를 끌어내도록 하자.

물론 당신의 모든 요구 사항이 관철되는 것은 아니다. 상대는 자신의 특별한 장신구를 팔기 위해 내놓으며 28만 원을 기대하는데, 7000원 정도를 낼 생각으로 그 사람과 협상을 할 수는 없다. 뻔뻔한 태도이다. 무엇이 가능하고 무엇이 불가능한지 알 수 있는 직감을 기르자. 당신의 협상 상대도 그렇게 할 것이다. 만약 그도 자신의 상품을 더 높은 가격에 팔 수 있을 거라 생각한다면 당신에게 거절 의사를 밝힐 것이다. 당신의 협상 기술이 나아졌다고 생각한다면 일상에서도 이를 적용해 보자. 이제 더 이상 모두의 마음에 들기 위해 '예'라고 외치지는 말자.

스스로를 소중히 여겨라

●

스스로에게 마지막으로 잘 대해줬던 적이 언제인지 자문해 보자. 스스로에게 잘 대해 준다는 건 저녁에 텔레비전을 틀고 그 앞에 세 시간 동안 앉아 있는 걸 말하는 게 아니다. 그런 행동은 자신에게 집중하는 것을 방해하는 행위일 뿐이다.

당신은 언제 마지막으로 혼자 짧은 휴가를 떠났는가? 사람들은 연인도 배우자도 아이들도 친구도 없이 혼자 휴가를 다녀왔다고 하면 삐딱한 시선으로 바라본다. 하지만 혼자서도 진정으로 휴가를 즐길 수 있는 사람만이 누군가와 함께 떠났을 때 더 즐겁게 휴가를 즐길 수 있다. 반드시 휴가부터 시작해야 할 필요는 없다. 혼자 카페에 앉아 스스로를 관찰하는 시간만으로도 족하다.

당신은 필연적으로 주변 환경을 인지하게 된다. 이것이 당신에게 어떤 영향을 미치는지 주의를 기울여 보자. 당신이 이러한 휴식 시간을 스스로에게 베풀었다는 사실에 기뻐하자. 당신의 일정을 친구들과의 만남이나 사업 파트너와의 비즈니스 미팅 등으로 꽉 채우지 않은 것에 불편한 마음을 갖지 말자. 자신에게 깊이 빠져들어 보고 홀로 있는 시간을 즐기자.

이것도 여전히 너무 급진적이라고 느낀다면 집에서 평온의 시간을 가져보자. 차 한 잔을 끓여서 창가에 앉자. 이때 라디오, 스마트폰, 텔레비전은 꺼두자. 가능한 한 활동을 적게 하도록 노력하자. 단 15분 만이라도 오롯이 혼자 시간을 보낼 수 있도록 하자. 외부에 주의를 빼앗기지 않으면 단 몇 분도 굉장히 긴 시간처럼 느껴진다는 사실을 깨닫게 될 것이다. 이제 모두 자신과의 데이트로 좋은 시간을 보내길 바란다.

우선순위를 정하라

●

인생을 당신이 작업해야 하는 한 덩이의 큰 대리석이라고 생각하자.

○ 인생에서 진정한 행복감을 느끼려면 어떤 요소를 제거해야 하는가?

○ 부득이하게 시간을 같이 보내야 하지만 당신에게 어떤 부가가치도 가져다주지 못하는 사람은 누구인가?

○ 어떤 일이 당신에게 부가가치를 당신의 가치와 충돌하는 일인가?

○ 더 의미 있게 보낼 수 있는 시간을 허비하게 만드는 일은 없는가?

당신의 일상을 하나하나 살펴보자. 당신의 삶을 외부인의 입장에서 한번 바라보자. 당신의 가치와 소망하는 것들의 실현을 가로막는 모든 행동, 모든 일, 주의를 산만하게 만드는 모든 것들을 잘 관찰하자.

가장 효과가 좋은 방법은 당신의 하루가 어떻게 흘러가는지 한번 적어 보는 것이다. 당신이 더 빨리 처리할 수 있는 일, 다른 누군가에게 맡기는 게 더 효율적인 일, 저렴한 비용으로 처리할 수 있는 일, 누구도 대신할 수 없는 일을 구분하자. 이것을 구분하고 분석할 때는 엄격해야 한다.

다음으로는 당신이 재미와 행복을 느끼고, 성공적인 삶을 사는 데 도움이 되는 일을 적어 보자. 만약 자신을 행복하게 만드는 요소로 운동을 꼽았다면 한 주 동안 다른 모든 활동보다 운동을 우선순위에 두자. 즉, 싱크대의 더러운 설거짓거리를 처리하는 것보다, 저녁에 텔레비전을 보는 시간보다, 운동을 먼저 하자. 가장 좋은 것은 운동으로 하루를 시작하고 다른 모든 것들은 그 뒤의 순서로 놓는 것이다.

예를 들어, 당신이 조깅을 하거나 헬스장에 가는 것을 즐긴다면 일어난 직후, 아침을 먹기도 전에 바로 운동을 하러 나서자. 악기를 연주하는 법이나 외국어를 배우고 싶다면 이 또한 일어나자마자 바로 하자. 곧 이어지는 꼭지 '내면의 목소를 들어라'에서 소개되는 명상은 부드러운 침대에서 끝낼 수 있다. 만약 필요하다면 한 시간 일찍 알람을 맞춰 두도록 하자.

일찍 일어난다는 상상만으로 소름이 돋는 사람들에게 배우 마크 월버그는 매일 새벽 3시 반까지 그의 첫 운동 세트를 끝내기 위해 2시 반에 일어난다고 한다. 그는 다른 무엇보다도 자신의 훈련을 우선순위에 두며 그러기 때문에 매일 저녁 8시만 되면 자신의 네 자녀와 함께 침실로 향한다.

좋다, 이것이 극단적인 사례라는 걸 인정한다. 누가 8시부터 벌써 자러 가고 싶겠는가. 하지만 한 시간 빨리 일어나 생산적인 시간을 보내기 위해 한 시간 빨리 눕는 것은 분명 시도해 볼 만한 가치가 있는 일이다. 한 시간이 너무 크다고 생각된다면 15분부터 시작해서 점차 늘려 가자. 그 시간을 점차 늘려 가는 건 나중에라도 언제든지 할 수 있다. 중요한 점은 당신 자신을 위한 시간을 갖는 것이다. 그저 모닝커피를 들고 소파에 앉아 생각 속에 잠기더라도 말이다. 이 또한 기분 좋은 시작을 위해 가치 있는 일이 될 수 있다.

새로운 기준을 세워라
●

당신의 삶에서 기준을 세우는 것은 당신 자신이다. 당신은 어떤 기준을 갖고 있으며 어떤 기준을 위해 노력하는가? 당신은 삶의 모든 영역에서 기준을 세워야 한다. 그렇지 않으면 다른 이들이 당신 대신 기준을 세우려고 들기 때문이다. 그러면 당신은 통제권을 잃게 된다.

연인과의 관계가 불만족스러운가? 그럼 이에 대해 대화를 나눠 보자. 연인에게 완전히 솔직해 보자. 만약 이 방법이 잘 통하지 않으면 각자의 길을 걷자. 지금 하는 일이 불만족스러운가? 그렇다면 그 일에 애정을 쏟도록 노력해 보자. 아니면 그 일의 일부라도 좋아하도록 애써 보자. 당신의 상사와 대화를 나누고 당신의 마음에 걸린 것들을 터놓고 솔직하게 이야기해 보자. 상황이 바뀌지 않는다면 그 일은 그만두고 새로운 일을 찾자.

이 모든 게 단순하게 들리지만 실제로는 그렇지 않다는 사실을 잘 안다. 하지만 매일같이 사람들과 부딪치며 쌓은 나의 실무 경험에 의하면 사람들은 대부분 두려움에 대한 두려움 때문에 무력해지고 결정을 뒤로 미루려고만 한다. 당신의 계획을 실천할 방법은 '두려움에 대항하라'에 서술해 두었다. 어떤 커플은 둘 다 진정으로 행복하지 않으면서도 수십 년간 관계를 지속한다. 어떤 일은 그 일을 수행하는 사람이 여러 모로 행복하지 않은데도 계속 진행된다. 이런 상황이 평생 가는 경우도 있다. 어떤 영역에서든, 당신에게 최선인 선택을 위해 노력하자. 그렇게 하면 당신의 길이 열릴 것이다.

내면의 목소리를 들어라
●

인생의 행복을 극대화하기 위해서는 감정, 돈, 시간, 소유 등의 주제와 관련하여 종속에서 점차 벗어나야 한다. 당신은 가진 돈이 많아서 더 가치 있는 사람이 되는 것이 아니다. 또한 다른 사람이 당신을 가치 있는 사람이라고 생각할 때 더 가치 있는 사람이 되는 것도 아니다. 가치 있는 사람이 되기 위해서는 다른 누군가가 필요하지 않다. 당신은 이미 가치 있는 사람이다.

개인의 소원이 사회의 가치와 관습의 영향을 받았는지, 그렇지 않은지 명확히 구분하기란 매우 어렵다. 전형적인 예로 그림 책에 등장하는 가족을 들 수 있다. 그들은 단독주택에 살며 골든 리트리버를 키운다. 이것은 정말 당신이 꿈꾸는 행복의 모습인가? 아니면 사회가 당신에게 강요하는 클리셰일 뿐인가? 당신은 내면의 목소리를 듣는 법을 배워야 한다. 그러기 위해 당신은 자주 움직임을 멈추고 당신의 감정을 탐구해야 한다. 「스타워즈」에 나올 법한 말처럼 들리겠지만 이렇게 함으로써 당신은 실제로 당신의 삶을 바꿀 수 있다. 당신은 내면의 고요를 이뤄야 한다. 명상은 내면의 고요를 만들어줄 방법 중 하나이다.

사람들이 명상을 자주 오해한다. 아래는 사람들이 명상을 하지 않겠다고 결심할 때 가장 많이 외치는 세 가지 주장이다.

주장1 아무 생각도 하지 않는 걸 못 하겠어

명상을 하는 방법은 수백만 가지이다. 안내에 따르는 명상은 오히려 당신이 무언가를 생각하도록 한다. 영혼을 완전히 비우는 것은 실제로 어느 정도의 연습이 요구되는 기술이다. 그러므로 처음에는 다른 방법으로 시작하는 것이 더 좋다.

주장2 명상할 시간이 없어

틈틈이 시도할 수 있는 명상법들이 있다. 당신 자신을 중심에 놓는 명상은 산책 중 의식적으로 숨을 들이쉬는 것만으로 충분할 때도 있다. 그보다 조금 더 많은 시간을 낼 여유가 있다면 앉거나 소파에 누워서 긴장을 풀자. 만약 1분도 시간이 없다면 시간을 만들 수 있도록 노력하자.

주장3 비싼 장비나 책이 필요해

필요한 것은 오로지 삶에서 새로운 것을 시도하겠다는 당신의 의지와 소망뿐이다. 명상을 위해 비싼 매트나, 균형을 이뤄 쌓아 올려진 돌 같은 것들은 필요하지 않다. 부드러운 음악과 몇 번의 깊은 숨만으로도 충분하다.

명상을 일종의 보상으로 생각해라. 명상은 어려운 일이 아니라 부담없이 시작할 수 있고 하고 나면 큰 도움이 된다. 나의 고객 중 많은 이들은 저녁 시간에 일부러 시간을 내 명상을 하며 스스로에게 보상을 제공하기 때문에 더는 텔레비전 앞에 앉아 있지 않는다고 말한다. 많은 이들은 자신의 배우자, 가족, 연인과의 관계가 더욱 친밀해지고 오붓해지는 경험을 하고 난 뒤 함께 명상을 한다.

명상은 자신과 자신의 감정에 집중하는 것을 돕는다. 자신을 향해 끊임없이 떠들어대는 외부 환경을 차단해 버리기 때문이다. 명료해지기 위해 그리고 자신의 에너지 저장소에 에너지를 가득 채우기 위해서는 하루에 단 몇 분이라도 괜찮다. 꽉 차 있는 통이어야만 다른 잔에도 무언가를 따를 수 있다는 사실을 기억하자.

관습을 깨라

●

여기서는 나의 이야기를 예로 들어 보려고 한다. 나는 커뮤니케이션 강사이자 비즈니스 코치, 작가로 일하고 있다. 사회적인 관습에 따르면 나는 유명한 브랜드의 맞춤 정장을 입어야 한다. 게다가 그런 정장을 여러 벌 갖고 있어야 할 것이다. 매번 같은 옷을 입는 것은 금기시되어 있으니 말이다. 하지만 나는 사람들이 흔히 갖는 그러한 생각에는 별로 관심이 없다.

나는 내가 좋아하는 밴드의 이름이 새겨진 셔츠를 입는 것을 선호한다. 내가 좋아하는 그룹은 주로 헤비메탈 밴드이며 셔츠에는 그들의 로고가 프린트되어 있다. 다양한 비즈니스 미팅에 참석할 때도 이 셔츠들을 입는데 미팅이 끝날 즈음 사람들은 이런 옷차림에 한마디씩 한다. 이례적인 옷차림이지만 크게 눈에 띄지는 않았다는 내용이 주를 이룬다. 나는 그저 이렇게 입는 것을 무척이나 좋아하는 사람일 뿐이고 그래서 이 옷차림을 당연하고 자연스럽게 여긴다. 이것은 내가 '나'를 드러내는 방식이다. 나의 이런 방식이 자신과 맞지 않는다고 느끼는 사람이 있어도 상관없다.

나의 옷차림을 이해하지 못하는 사람이라면 언젠가는 결국 나와 잘 지내지 못하게 될 것이기 때문이다. 그렇다고 해서 내가 정장을 전혀 좋아하지 않는다는 뜻은 아니다. 다만 정장을 입는

게 옳다고 생각할 때만 입는다.

이제 스스로에게 어떤 관습을 깨뜨릴 수 있는지 묻자.

○ 삶에서 타인의 입맛에 맞춰 행동하는 영역이 있는가?
○ 그러한 강요를 어떻게 하면 끝낼 수 있을까?
○ 어떤 경우에 자신과 자신의 성격을 부정하는가?

스트레스를 제대로 관리하라
●

만약 스트레스로 가득한 삶을 살고 있다면 왜 이렇게 되었는지 자신에게 한번 물어보자. 이때 자신을 냉정하게 바라 보아야한다. 자신에게 일상의 형태를 바꿀 수 있는지 묻자. 외부적인스트레스는 대부분 다른 사람들의 기대를 충족시켜야 한다는 내부적인 스트레스에서 비롯된다. 인간은 습관의 동물이며 외부적인 요인이나 계기가 있어야만 자신의 일상을 돌아보는 경우가많다. 우울증이나 번아웃에 이르러서야 자신을 돌아보는 불상사를 피할 수 있도록 지금 당장 손을 써야 한다. 자신에게 이렇게 묻자. 강한 스트레스를 유발하는 것들이 있는가? 만약 있다면그것을 어떻게 바꿀 수 있는가? 많은 경우 스트레스는 어딘가에종속되어 있거나, 과도한 기대를 받고 있을 때 발생한다.

번아웃

....

나의 지인 중 한 명은 세계적인 기업의 간부직을 맡고 있다. 안타깝게도 그는 새로운 과제를 눈앞에 둔 상황에서 거절하는 경우가 드물다. 자신의 책임도 아니고 할 시간도 없는 과제를 떠안는다. 그는 그렇게 1년간 두 사람이 해야 할 일을 혼자 해냈고 결국 몇 달을 침대 신세를 져야했다. 그는 심각한 번아웃(Burn-out)에 시달렸다. 치료한 덕분에 그는 다시 일할 수 있게 되었지만 다시 그런 상황에 처하지 않도록 주변에 아팠던 이유를 솔직하게 이야기했다. 그 전까지 동료들은 그의 상황을 전혀 모르고 있었다.

주변의 사람들이 당신의 상태가 어떤지 알 거라고 짐작하지 말자. 대부분은 그들 자신의 상태에 대해서도 잘 모르기 때문이다. 상대가 알 수 있도록 당신의 소망과 욕구를 항상 표현하자. 나의 지인은 이제 적당한 정도의 일을 하고 있다. 당신이 회사에서 더 많은 사람들의 일을 떠안을수록, 당신의 가치가 올라가는 게 아니라는 사실을 기억하자. 스스로의 가치를 당신이 해내는 업무의 양으로만 규정짓지 말자. 당신은 처음부터 소중하고 가치 있는 사람이지, 그러한 사람이 되기 위해 일단 무언가를 해야 하는 것이 아니다.

보어아웃

··········

마찬가지로 위험하지만 덜 알려진 현상으로는 보어아웃(Bore-out)이 있다. 이것은 일상에서 느끼는 따분함과 관련이 있다. 지루하고 의미 없는 일의 반복으로 더 이상 동력이 생기지 않기도 한다. 이때 나타나는 증상들은 번아웃의 경우와 매우 비슷하다.

현재 하고 있는 일 덕분에 집을 사기 위한 대출금을 갚을 수 있는 건 사실이지만 일 때문에 괴로운가? 직업 때문에 고통받고 있는가? 당신 소유의 집이 왜 그토록 중요한지 스스로에게 물어본 적 있는가? 집 없이 전월세로 사는 대신, 금융적인 부담을 덜 수 있다면 어떨 것 같은가? 이기주의자는 자신에게 매우 솔직하게 이런 질문을 던지고 그에 따라 행동한다. 그는 절대 자신의 가치를 집의 소유 여부와 결부하지 않을 것이다.

만약 당신의 일상생활에 회의를 느낀다면 어떻게 하면 일상에서 좀 더 많은 생기와 활력을 얻을 수 있을지 스스로에게 한번 물어보자. 한 번도 해본 적 없는 요리를 해볼 수도 있고 매일 반복되는 일의 순서를 바꿔 볼 수도 있다. 아침에 토스트를 구우면서 노래를 흥얼거려 보거나 매일 먹던 아침 메뉴를 바꿔 달걀 프라이와 구운 베이컨을 먹어 보는 건 어떤가? 대부분은 이런 사소한 변화에서 차이를 느낀다. 당신이 중요하다고 느끼는 건 어떤 차이인가? 아래 질문에 답해 보는 것도 방법이다.

○ 어떻게 살았기에 스트레스가 많아졌는가?

○ 어떻게 하면 더 많은 스트레스가 쌓일까? (역설적 질문)

○ 어떻게 했기에 삶이 이렇게 지루해졌는가?

○ 어떻게 하면 삶이 더 지루해질 수 있을까? (역설적 질문)

■◆■

여기까지 따라와 주셔서 감사하다는 인사를 전하고 싶다. 나 또한 어떤 일을 실행으로 옮길 때보다, 이론으로 접할 때 훨씬 쉽게 들린다는 사실을 잘 알고 있다. 그래서 당신이 정말 끈기 있게 노력하여 결실을 보는 것은 더욱더 중요하다. 몇 주에 한 번씩 이 책을 집어 들고 당신의 삶에서 최고의 것을 끌어내겠다는 다짐을 새로이 하자. 율리엔 바크하우스와 내가 전하는 이야기가 완전한 효과를 보려면 이것이 완전히 당신의 습관으로 자리를 잡아야 한다. 앞으로 매일 반복되는 실천과 정기적인 반성과 성찰이, 당신의 충실한 안내자가 되길 바란다. 당신이 이미 수십 년간 기존의 신조를 확립하고 굳혔기 때문에 다시 허무는 데 많은 시간이 필요하다. 자기 자신을 향해 내딛는 모든 한 걸음 한 걸음은 매우 중요하고 좋은 것이다. 그대로 계속 앞으로 나아가자. 아무쪼록 이 책을 읽는 모든 독자의 삶에 좋은 일들이 가득하길 바란다. 그리고 우리 모두에게는 한 번의 인생밖에 없다는 사실을 항상 기억하자.

⧮◆⧮

삶의 진정한 주인이 되는 길

사실 이 책은 당신이 이미 알고 있는 내용에 대해서 말하고 있다. 삶에서 많은 것들이 그렇다. 당신은 더 행복해지고 더 많은 돈을 벌고 더 건강하게 살기 위해 어떻게 해야 하는지 이미 알고 있다. 하지만 목표를 이룰 수 있는 방향으로 움직이지 않는다. 사회의 일원으로 인정받지 못할까 봐 주변 반응을 두려워한다. 그 마음을 완전히 버리라는 것은 아니지만 우리는 너무도 자주 조화와 균형에 집착한다. 우리는 이런 생각을 꼬리에 꼬리를 물고 끝까지 생각해 볼 필요가 있다.

한 걸음 더 나아가기로 한다면 혹은 멈추기로 한다면 그다음엔 어떤 일이 일어날까? 때때로 최악의 상황을 실행에 옮겨 보자. 당신은 그 과정에서 일이 상상했던 만큼 최악으로 진행되지 않는다는 걸 알게 될 것이다.

어쩌면 몇몇 사람들은 당신이 예전보다 좀 더 많이 당신 자신의 삶과 목표에 대해서 생각한다는 이유로 당신에게서 멀어질 수도 있다. 당신은 예전에 그랬던 것만큼 모든 부탁을 즉각 들어줄 수 없게 될지도 모른다. 하지만 그것 또한 변화의 과정에 포함된다. 사람들이 당신에게서 등을 돌리면 단기적으로는 고통스러울 수도 있다. 하지만 장기적으로는 당신은 더 행복하고 더 건강하고 더 부유해질 것이다. 이 것이 바로 이 책이 전하고 싶은 메시지이다.

오늘이 마지막일 수도 있다는 생각으로 당신은 잠재력을 마음껏 폭발시켜야 한다. 뉴스에서 본 마지막 교통사고나 비행기 추락 사고를 떠올려 보자. 희생자 모두 각자의 계획을 갖고 있지 않았을까? 물론 그랬을 것이다. 하지만 그들 중에서 이기주의자만이 미소를 지으며 마지막을 맞이할 것이다. 이제 팔을 걷어붙이고 삶을 직접 마주하며 모든 가능성을 쥐어 짜내야 한다. 다른 이들의 조언은 무시하자. 당신의 삶의 주인은 다른 누구도 아닌 당신 자신이다.

율리엔 바크하우스

주석
___

1   Rand, *Die Tugend des Egoismus*, S. 6

2   Hans-Lothar Merten, *Scheinheilig: Das Billionen-Vermögen der katholischen Kirche*

3   https://www.zeit.de/2009/53/DOS-Altruismus/seite-9

4   Naimy, *Das Buch des Mirdad*, S. 80

5   Charlier, *Grundlagen der Psychologie, Soziologie und Pädagogik für Pflegeberufe*, S. 103

6   https://www.faz.net/aktuell/karriere-hochschule/buero-co/merheit-der-arbeitnehmer-haben-innerlich-schon-gekuendigt-15753720.html

7   ERFOLG Magazin, 01/2017

8   Grover, *Kompromisslos*, S. 26

9   ERFOLG Magazin, 01/2017

10 ERFOLG Magazin 4/2016

11 Osho, *Liebe, Freiheit, Alleinsein 2002*, S. 33

12 https://www.presseportal.de/pm/119123/3912240

13   ERFOLG Magazin 03/2018

14   Kurlov, *Der Weg zum Narren: Den Verstand verlieren, das Leben gewinnen 2016*, S. 56

15   Backhaus, *Erfolg*, S. 61

16   Backhaus, *Erfolg*, S. 62

17   Osho: *Liebe, Freiheit, Alleinsein*, S. 30

18   ERFOLG Magazin 4/2016

19   https://www.spiegel.de/netzwelt/tech/bill-gates-abschied-der-grosse-buhmann-a-561974.html

20   https://www.live-counter.com/Bill-Gates/

21   ERFOLG Magazin 4/2017

22   https://de.statista.com/themen/161/burnout-syndrom/

23   Statista Leben›Liebe & Sex: Umfrage zu geheimen Gedanken vor dem Partner nach Geschlecht in Deutschland 2015. https://de.statista.com/statistik/daten/studie/616687/umfrage/umfrage-zu-geheimen-gedanken-vor-dem-partner-nach-geschlecht-in-deutschland/

24   Osho, *Liebe,* Freiheit, Alleinsein, S. 37

25   ERFOLG Magazin, 01/2019

26   ERFOLG Magazin, 03/2019

27   ERFOLG Magazin, 01/2018

28   Merkur vom 03.02.2020, https://www.merkur.de/politik/greta-thunberg-dieter-nuhr-nach-attacke-mit-verblueffender-erklaerung-13098674. html

29   ERFOLG Magazin 4/2018

30   https://onlinelibrary.wiley.com/doi/abs/10.1111/jopy.12050

31   https://www.zeit.de/2008/27/Selbstdisziplin-27/seite-3

32   Osho, *Liebe, Freiheit, Alleinsein*, S. 252

33   https://www.allianz.com/content/dam/onemarketing/azcom/Allianz_com/migration/media/economic_research/publications/specials/de/AGWR_17_deutsch.pdf

34   Naimy, *Buch des Mirdad*, S. 84

35 Ariely, *Predictably Irrational: The Hidden Forces That Shape Our Decisions 2010*

36 https://www.esquire.com/lifestyle/sex/a9874/better-marriage-tips-0511/

37 https://www.wertesysteme.de/was-sind-werte/

38 https://www.psychologicalscience.org/news/releases/having-a-senseof-purpose-in-life-may-add-years-to-your-life.html

39 ERFOLG Magazin 1/2017

40 https://www.dominican.edu/academics/lae/undergraduate-programs/psych/faculty/assets-gail-matthews/researchsummary2.pdf

41 Backhaus, *Erfolg,* S. 47f.

42 Backhaus, *Erfolg,* S. 49

43 Jones, E. & Gordon E., Journal of Personality and Social Psychology 24, 1972, S. 358-365

참고문헌

Ariely, Dan: *Predictably Irrational: The Hidden Forces That Shape Our Decisions*. HarperCollins 2010.

Backhaus, Julien (et. al.): *Erfolg – Was Sie von den Super-Erfolgreichen lernen können*. FBV 2018.

Backhaus, Julien (Hrsg.): ERFOLG Magazin. Backhaus Verlag.

Charlier, Siegfried: *Grundlagen der Psychologie, Soziologie und Pädagogik für Pflegeberufe*. Thieme Verlag 2001.

Eggerichs, Emerson: *Liebe & Respekt: Die Nähe, nach der sie sich sehnt – Die Anerkennung, die er sich wünscht*. Gerth Verlag 2011.

Fischer, Theo: *Wu wei – Die Sehnsucht des Tao*. Rowohlt 1992.

Grover, Tim: *Kompromisslos – Relentless*. FBV 2019.

Jones, E., Gordon, E.: Timing of self-disclosure and its effects on personal attraction. Journal of Personality and Social Psychology 24 1972, S. 358-365.

Katzenberger, Daniela: *Sei schlau, stell dich dumm*. Bastei Lübbe 2011.

Kurlov, Grigorij: *Der Weg zum Narren: Den Verstand verlieren, das Leben ge-*

winnen. Goldmann Verlag 2016.

Merten, Hans-Lothar: *Scheinheilig: Das Billionen-Vermögen der katholischen Kirche.* FBV 2018.

Naimy, Mikhail: *Das Buch des Mirdad.* DRP Rosenkreuz, 7. Aufl. 2011.

Osho: *Liebe, Freiheit, Alleinsein.* Goldmann Verlag 2002.

Rand, Ayn: *Die Tugend des Egoismus: Eine neue Auffassung des Eigennutzes.* TvR Medienverlag Jena, 2. Aufl. 2017.

Spreitzenbarth, Udo: HARALD GLÖÖCKLER »*Myth of an Icon*«. Joy Edition 2018.

Ware, Bronnie: *5 Dinge, die Sterbende am meisten bereuen: Einsichten, die Ihr Leben verändern werden.* Arkana 2013.

내 삶의 주인은 다른 누구도 아닌 나 자신이다.

옮긴이 박은결

연세대학교 영어영문학과와 한국외국어대학교 통번역대학원 한독과를 졸업하고 한국문학번역원(KLTI)의 한독과 특별 과정을 수료한 뒤 통번역사로 활동하고 있다. 출판번역 에이전시 글로하나에서 인문학 분야를 중심으로 독일서를 번역하고 있으며 글을 쓰는 일에 관심이 많다. 역서로는 『당신의 속도로, 당신의 순간에, 날마다 용감해지기』, 『별이 뜨지 않는 하늘은 없어』 등이 있다.

세상에서 가장 솔직한 욕망의 성공학

자유로운 이기주의자

초판 1쇄 인쇄 2020년 10월 5일
초판 1쇄 발행 2020년 10월 12일

지은이 율리엔 바크하우스
옮긴이 박은결
펴낸이 김선식

경영총괄 김은영
기획편집 임소연 **디자인** 황정민 **크로스교정** 조세현 **책임마케터** 박태준
콘텐츠개발4팀장 윤성훈 **콘텐츠개발4팀** 황정민, 김대한, 임소연, 박혜원
마케팅본부장 이주화 **채널마케팅팀** 최혜령, 권장규, 이고은, 박태준, 박지수, 기명리
미디어홍보팀 정명찬, 최두영, 허지호, 김은지, 박재연
저작권팀 한승빈, 김재원
경영관리본부 허대우, 하미선, 박상민, 김형준, 윤이경, 권송이, 김재경, 최완규, 이우철

펴낸곳 다산북스 **출판등록** 2005년 12월 23일 제313-2005-00277호
주소 경기도 파주시 회동길 357 3층
전화 02-702-1724 **팩스** 02-703-2219 **이메일** dasanbooks@dasanbooks.com
홈페이지 www.dasanbooks.com **블로그** blog.naver.com/dasan_books
종이 · 출력 · 제본 갑우문화사

ISBN 979-11-306-3179-0(03190)

다산북스(DASANBOOKS)는 독자 여러분의 책에 관한 아이디어와 원고 투고를 기쁜 마음으로 기다리고 있습니다.
책 출간을 원하는 아이디어가 있으신 분은 다산북스 홈페이지 '투고원고'란으로 간단한 개요와 취지, 연락처 등을
보내주세요. 머뭇거리지 말고 문을 두드리세요.